365 dias com a
Mãe de Jesus

Pe. Eliomar Ribeiro, SJ

365 dias com a
Mãe de Jesus

Orações diárias que conduzem ao **Coração** de **Nossa Senhora**

Edições Loyola

Preparação: Maria Suzete Casellato
Capa: Ronaldo Hideo Inoue
   Virgem Maria e o Menino Jesus (detalhe).
   Ilustração generativa de © AD LUCEM.
   © Adobe Stock.
Diagramação: Telma Custódio
Imagem de fundo: Detalhe da ilustração generativa
   de © SANA. © Adobe Stock.

Edições Loyola Jesuítas
Rua 1822 nº 341 – Ipiranga
04216-000 São Paulo, SP
T 55 11 3385 8500/8501, 2063 4275
editorial@loyola.com.br
vendas@loyola.com.br
www.loyola.com.br

Todos os direitos reservados. Nenhuma parte desta obra pode ser reproduzida ou transmitida por qualquer forma e/ou quaisquer meios (eletrônico ou mecânico, incluindo fotocópia e gravação) ou arquivada em qualquer sistema ou banco de dados sem permissão escrita da Editora.

ISBN 978-65-5504-359-4

© EDIÇÕES LOYOLA, São Paulo, Brasil, 2024

110119

Introdução

"Tem um coração de mãe!"

Assim gosta de dizer nossa gente quando uma pessoa é muito boa, prestativa, atenciosa, carinhosa, cuidadosa. A mesma expressão é usada também para indicar aquela pessoa que arruma tempo para tudo, que dá atenção e está sempre atenta aos detalhes. De fato, quem fez ou faz essa experiência tão ligada à filiação maternal sabe bem o que significa ter esse "coração de mãe"!

Junto à experiência de "coração de mãe", não é difícil fazer também a experiência de oração: quantos de nós não aprendemos a rezar nossas primeiras orações justamente por meio da figura maternal? A esse propósito, ninguém menos que Santo Agostinho – que foi muito marcado também pela experiência do coração/oração de sua mãe, Santa Mônica – costumava dizer sobre a oração: "com o coração se pede, e com o coração se procura. Com o coração se bate à porta, e é ao coração que ela se abre" (*Sermões 91,3, PL 38,567-571*). Rezar faz um bem imenso para si mesmo e para o próximo!

Neste mundo em que vivemos, agitado e acelerado e, ao mesmo tempo, fugaz e "líquido", é bom parar, nem que seja por alguns minutos durante a jornada, para encontrar-se consigo mesmo, com Deus e com a realidade à nossa volta, para assim — como diria um santo bispo da Igreja no Brasil — "juntar os pedaços" perdidos, distanciados um do outro, reencontrando por meio da oração a proximidade e unidade perdidas.

Efetivamente, assim como Israel, "povo de dura cerviz" (cf. Ex 32,9), nossa história é às vezes assinalada por teimosias, por "não querer ouvir", por perdas e tristezas. Nessas horas difíceis, por vezes podemos contar apenas com uma presença: "Acaso não estou eu aqui, que sou tua Mãe?". Quem deixaria de escutar o pedido de uma mãe? Se nós, que somos tão limitados, dificilmente deixamos de ouvir nossa mãe, quanto mais Deus, que é perfeito por natureza: jamais deixará de ouvir um pedido da Mãe de seu Filho!

Maria reza conosco e intercede por nós junto ao seu Filho. Como nas Bodas de Caná, ela sabe das nossas necessidades e angústias, e recorda ao seu amado Filho, novamente, que o nosso vinho está se acabando (cf. Jo 2,1-12).

Nesse sentido, quando contemplamos a pessoa de Maria, a Mãe de Jesus, nos Evangelhos, o que vemos é uma mulher de muita esperança, atenta aos sinais. É uma mulher que sabe discernir a vontade de Deus em sua própria vida. É alguém capaz de mudar de rumo, de projeto e de se abrir à grande aventura de amor que Deus quer escrever em sua vida: ser mãe, ser discípula, ser servidora. Em Maria, a tenda do mistério divino encontra espaço para alargar-se! (cf. Jo 1,14)

Este livro quer nos conectar com o coração da Mãe de Jesus. Diariamente, vamos nos aproximando dela com o coração de filhos e filhas que querem crescer na amizade e na gratidão. Ela fará nossa oração chegar aos ouvidos e ao coração de Jesus, porque é Mãe solícita que sabe das nossas necessidades e do nosso amor.

Que estas páginas sejam um agradecimento a todas as pessoas que no decorrer da história legaram a nós, por escrito, pensamentos sobre Nossa Senhora, a Mãe de Jesus, tão querida e tão amada por tantos cristãos.

Boa leitura!

Pe. Eliomar Ribeiro, SJ

Janeiro

Janeiro

1

"Começamos o ano sob o signo de
Nossa Senhora, mulher que teceu
a humanidade de Deus."
(*Papa Francisco*)

**Santa Mãe de Deus, alcançai-me de vosso
amado Filho as graças necessárias para
viver cada dia deste novo ano
com humildade e mansidão.**

2

"A vida alimenta-se de uma Mãe:
a Imaculada. O coração tem um ninho:
o Sacrário. O sofrimento tem um lugar:
a Cruz."
(*Santa Beatriz da Silva*)

**Ó Mãe Imaculada, fazei que eu me
alimente da Palavra e da Eucaristia
para suportar e transpor os
sofrimentos vividos no dia a dia.**

Janeiro

3

"Excetuando-se apenas a Deus,
é Maria Santíssima superior
a todas as criaturas."
(*Santo Epifânio*)

És a excelsa Rainha de todas as nações, ó Maria Santíssima. Desejo que, andando no caminho de Jesus, eu possa espelhar-me sempre no vosso exemplo e testemunho.

4

"Tudo quanto pudermos dizer
em louvor a Maria Santíssima é pouco
em relação ao que merece por
sua dignidade de Mãe de Deus."
(*Santo Agostinho*)

Ó Mãe de Deus, que meus louvores e minha devoção façam crescer sempre mais a multidão dos filhos e filhas que vos bendizem por seres nossa mãe querida.

Janeiro

5

"A maior alegria que podemos dar a Maria Santíssima é a de levar Jesus Eucarístico no nosso peito."
(*Santo Hilário*)

Ó Mãe, cheia de amor, alcançai-me a graça de crescer no amor à Eucaristia. É o alimento que me sustenta e sacia meu desejo de viver a vida divina.

6

"Redunda em honra do Filho tudo quanto se oferece à Mãe Santíssima."
(*Santo Idelfonso*)

Ofereço-vos, Mãe de Jesus, tudo o que sou e tenho. Não quero reter nada nem me apegar a coisa alguma. Que meu coração seja livre e disponível.

7

Janeiro

"Quando a Virgem Maria nos deu seu Filho, ela nos deu tudo."
(*Santo Ambrósio*)

Ó Virgem Maria, bendito seja o vosso ventre, que gerou o Autor de nossa fé; fazei que eu cresça no amor e na bondade.

8

"Vós sois, Virgem Santíssima, um escudo inexpugnável para aqueles que andam empenhados no combate."
(*Santo Inácio Mártir*)

Sois vós, ó Mãe amada, a proteção que me ampara nos momentos difíceis, pois estais unida ao vosso Filho de forma mais plena.

Janeiro

9

"Oh! Como eu amo a Santíssima Virgem!
Se eu fosse padre,
falaria muito sobre ela!"
(*Santa Teresinha do Menino Jesus*)

Ó Mãe Santíssima, vou anunciar a todos as maravilhas que Deus fez em sua vida e que vem fazendo também em minha vida.

10

"Maria é Aquela que acreditou e,
do seu seio, correram rios de água viva,
que vêm regar a história dos homens."
(*Papa Bento XVI*)

Ajudai-me, Mãe de Jesus, a escutar, acreditar e viver melhor a Palavra de Jesus, que sustenta a minha vida.

11

Janeiro

"Todos os devotos de Maria Santíssima
necessariamente se salvam."
(*Santo Antonino*)

**É a vós, Mãe de Jesus, que recorro
diariamente nas orações para manter-me
firme e confiante, acolhendo a salvação
que me foi dada pelo Senhor.**

12

"Por vós, ó Maria, encheu-se o Céu
e despovoou-se o inferno."
(*São Bernardo de Claraval*)

**Rainha dos Céus, sois a mãe bondosa
que intercede e ampara cada filho
que caminha neste mundo. Ajudai-me
a afastar-me de tantas situações
infernais que dividem meu coração.**

Janeiro

13

"Maria é a escada celeste pela qual
Deus desceu à terra
e os homens sobem a Deus."
(*São Fulgêncio*)

Ó Mãe Imaculada, sois a escada celeste que uniu a terra ao céu. Fazei que caminhe com confiança no caminho que me propõe a fé cristã.

14

"Jamais li que algum santo não tivesse sido
devoto especial da
Santíssima Virgem Maria."
(*São Boaventura*)

Que Deus me ajude a crescer em devoção e em amor à Santíssima Virgem Maria, que foi escolhida para ser a Mãe de Jesus, o nosso Salvador.

15

"No Santo Rosário encontrei os atrativos mais doces, mais suaves, mais eficazes e mais poderosos para me unir a Deus."
(*Santa Teresa de Jesus*)

Ajudai-me, Mãe do Belo Amor, a encontrar a alegria do meu coração nas pequenas manifestações de Deus, que cuida de mim com tanto zelo.

16

"Não há como seguir a Jesus sem entrar na escola de Maria."
(*Pe. Léo*)

Ó Maria, ensinai-me a seguir Jesus, vosso Filho amado, como vós o fizestes: com acolhida, prontidão, cuidado e disponibilidade.

Janeiro

17

"Ao seu redor, como em sua pessoa,
tudo inspirava majestade, esplendor,
magnificência de uma rainha incomparável."
(*Melanie Calvat*)

Ajudai-me, Mãe de Jesus, a reconhecer as maravilhas de Deus em minha vida e a me comprometer a servir o Reino com maior liberdade e alegria.

18

"Os que têm o coração ferido
encontram nas mãos de Maria
o socorro providente de Deus."
(*Ivan Filho*)

Ó Mãe do perpétuo socorro, sempre disponível a escutar nossas dores e aliviar nossas feridas, confio em vossa intercessão diante de Deus.

19

"Cada Ave-Maria que você reza
é uma rosa que você oferece a Maria."
(*Anônimo*)

Ofereço-vos, Mãe de Deus, as pétalas das Ave-Marias que rezo diariamente. Confiante em vossa proteção, recomendo-me ao vosso cuidado materno.

20

"Nunca será considerado um bom cristão
quem não reza o Santo Rosário."
(*Santo Antônio Maria Claret*)

Ó Mãe da bondade, ofereço cada conta do meu terço pelas necessidades da humanidade que sofre e pela missão da Igreja.

Janeiro

Janeiro

21

"De agora em diante,
todas as gerações me chamarão
bem-aventurada, porque o
Todo-Poderoso fez em mim grandes coisas."
(*Lucas 1, 48b-49*)

Ó Mãe de Jesus, sois a mulher bem-aventurada, porque acolhestes a vontade de Deus. Ajudai-me a reconhecer tantas maravilhas que Deus vem fazendo em minha vida todos os dias.

22

"Que o meu amor por Maria Santíssima
seja igual ao amor de
seu Filho Jesus por ela."
(*São Vicente Palloti*)

Que grande graça amar Maria como Jesus amou! Ajudai-me, ó Deus, a crescer em amor à Santíssima Virgem e a amar mais as pessoas que estão próximas de mim. Que meu amor faça o bem a todos.

23

"Se Maria é o protótipo da genuína feminilidade, a imitação de Maria deve ser o fim da formação da jovem."
(*Santa Teresa Benedita da Cruz*)

Mãe de Jesus e nossa Mãe, amparai nossos jovens no desenvolvimento de suas vidas, e que suas escolhas coincidam com a vontade de Deus.

24

"Na devoção a Nosso Senhor nasce a de sua Mãe. Ninguém pode amar a um sem amar a outra."
(*São Francisco de Sales*)

Ó Deus, fazei crescer em meu coração o amor a Jesus e a Maria. Ajudai-me diariamente a aproximar-me mais desse amor que dá sentido à minha vida.

Janeiro

25

"Assim como os marinheiros são guiados
ao porto pelo brilho de uma estrela,
os cristãos são guiados ao céu pela
Virgem Maria."
(*Santo Tomás de Aquino*)

Sois a Mãe, Virgem Maria, que guia seus filhos no caminho para a eternidade. A vossa proteção anima nossos corações e dá alegria aos nossos dias.

26

"O Senhor nos convida a dar-lhe
o nosso sim, como fez Maria de Nazaré.
Ele não quer salvar o mundo
sem nossa participação."
(*Caminho do Coração*)

Ó Maria, Mãe de Jesus, aproximai-me de vosso Filho para que minha vida seja um sim generoso, que leve Jesus a devolver alegria às pessoas.

27

"Maria é aquela torre de Davi de que fala o Espírito Santo nos sagrados Cânticos: 'Ao redor dela se elevam fortalezas; ali se veem suspensos mil escudos e todas as armas dos valentes'."
(*Santo Afonso Maria de Ligório*)

Ó Maria, sois a torre de Davi, o amparo dos humildade e a fortaleza dos que vos buscam. Ajudai-me nas batalhas diárias para que tenha a mesma disposição do vosso coração.

28

"Maria é a porta que nos leva a Deus."
(*Chiara Lubich*)

Ó Jesus, sois nosso amigo e Caminho de Vida, fazei crescer em mim um intenso amor para convosco e para com vossa Mãe, Maria Santíssima.

Janeiro

Janeiro

29

"Mediante o Rosário, o povo cristão aprende com Maria a contemplar a beleza do rosto de Cristo e a experimentar a profundidade do seu amor."
(*São João Paulo II*)

Quão grande é vosso amor para conosco, ó Deus de bondade. Rezando a Maria, vou contemplando a beleza do rosto de Cristo e seu infinito amor.

30

"Uma Igreja sem Maria é um orfanato."
(*Papa Francisco*)

Ajudai-me, Mãe de Jesus, a amar a Igreja como minha mãe, que acolhe, perdoa, ensina e anima na caminhada da vida.

31

Janeiro

"Maria protege todos os seus devotos, em todas as necessidades, mas os protege especialmente na hora da morte."
(*São João Bosco*)

Ó Maria, ajudai-me a viver meus dias com serenidade e confiança, acompanhai-me em minhas necessidades e que na hora de minha morte eu esteja em paz.

Fevereiro

Fevereiro

1

"Entre o desespero e a esperança,
nada como o santo terço bem rezado."
(*São João Paulo II*)

**Nas contas do meu rosário, rezado
diariamente, agradeço a Deus e
a sua Mãe as graças de vencer o
desespero e crescer em esperança.**

2

"Deus nos concede as graças por meio
do Coração Imaculado de Maria;
peçam a ela! O Coração de Jesus
quer que ao seu lado se venere o
Coração Imaculado de Maria."
(*Santa Jacinta Marto*)

**Ó Coração Imaculado de Maria,
tão compassivo e bondoso,
sede nosso caminho para ir a Jesus,
vosso Amado Filho.**

Fevereiro

3

"Maravilhas, Maria, nosso Deus fez em ti.
Tu geraste Jesus na ternura e na dor,
no sonho e na fé! Vem conosco caminhar."
(*Eliomar Ribeiro, SJ*)

**Vem caminhar conosco, Mãe de Jesus,
como caminhastes pelas montanhas
de Judá e pelas estradas de Nazaré.
Que vossa proteção e coragem ajudem
meu coração a ser manso e humilde.**

4

"Maria ensinou a andar aquele que
é o Caminho. Maria ensinou a falar
aquele que é a Verdade.
Maria deu à luz aquele que é a Vida."
(*Anônimo*)

**Acompanhai-me, Mãe de Jesus,
com vossa proteção bondosa que
me guarda nas veredas do caminho
e me revela a fidelidade
às promessas divinas.**

Fevereiro

5

"A Virgem e os santos tiveram de padecer para caminhar na fé e na vontade de Deus. No meio dos acontecimentos duros e dolorosos da vida, responder com a fé custa um particular aperto do coração."
(*Papa Francisco*)

Ó Mãe de Jesus, vós que guardastes no coração os sofrimentos de Jesus, ajudai-me a levar minha cruz com fé e esperança.

6

"Maria é na cristandade o mais nobre tesouro, depois de Cristo, e nunca poderemos exaltar o suficiente a mais nobre imperatriz e rainha, exaltada e bendita acima de toda nobreza, com sabedoria e santidade."
(*Martinho Lutero*)

Bendito seja Deus por Maria, a Mãe de Jesus, que soube dispor de sua vida para a ventura de acolher e viver totalmente a vontade divina.

Fevereiro

7

"As virtudes brilham na alma de Maria como flores em alegre jardim."
(*Santo Ambrósio*)

Ó Maria, cheia de simplicidade e de beleza, alcançai-me a graça de crescer nas virtudes que inundavam o vosso coração de mãe e discípula.

8

"Feliz quem invoca Maria Santíssima, quem recorre ao seu Imaculado Coração com confiança."
(*Santo Antônio Maria Claret*)

Ó Mãe Santíssima, eu recorro confiante à proteção do vosso amor e peço que me acompanheis com vossa graça maternal. Ajudai-me a crescer em confiança e compaixão.

Fevereiro

9

"Ó minha bela esperança!
Neste mar do mundo, tu és a minha estrela
amiga, que podes o barquinho
da minha alma salvar."
(*Santo Alfonso de Ligório*)

Ó Mãe da esperança, ajudai-nos na travessia do mar da vida e amparai-me nos momentos em que o barco deriva e as forças parecem chegar ao fim.

10

"Não me dirigi diretamente a Deus, porque quero deixá-lo agir com toda liberdade; pedi essa graça à Santíssima Virgem, o que está longe de ser a mesma coisa."
(*Santa Teresinha do Menino Jesus*)

Ó Mãe intercessora, a vós peço que leveis ao Coração do nosso Deus minhas súplicas e necessidades diárias, confiante no vosso amor materno.

Fevereiro

11

"Maria é obra-prima de Deus,
que nela esgotou sua sabedoria,
seu poder e suas riquezas."
(*São Boaventura*)

Ó Maria, sois a obra-prima de Deus, sois o tabernáculo da sabedoria, do poder e da riqueza que brotam do coração divino. Ajudai-me a crescer em amor e santidade!

12

"Se um milhão de famílias rezassem
o terço todos os dias,
o mundo inteiro seria salvo."
(*São Pio X*)

Que grande graça o dom de rezar e oferecer diariamente a vida pelas mãos de Maria, ela que intercede por nossas necessidades.

13

"Toda a existência de Maria é um hino à vida, um hino de amor à vida: Ela gerou Jesus na carne e acompanhou o nascimento da Igreja no calvário e no cenáculo."
(*Papa Francisco*)

Ajudai-me, ó Mãe de Jesus, a escutar, acolher e viver o que a Palavra de Deus me diz. Que a vivência da fé me leve a adorar sempre mais a Deus em meu coração.

14

"Vosso nome, ó Mãe de Deus, está cheio de graças e de bênçãos divinas."
(*São Metódio*)

Ó Mãe de Deus, em vosso coração se concentram as graças e bênçãos divinas de quem escutou, acolheu e viveu o projeto de Deus. Ajudai-me a viver assim também!

Fevereiro

Fevereiro

15

"Tenho encontrado a esta Virgem soberana sempre que me tenho encomendado a Ela."
(*Santa Teresa de Jesus*)

Ó Mãe querida, coloco-me debaixo do vosso poderoso amparo nos momentos de alegria e de dificuldade, pois sei que cuidas de mim.

16

"Eu daria toda a minha ciência teológica pelo valor de uma única Ave-Maria."
(*Santo Tomás de Aquino*)

Que a oração de cada dia aproxime meu coração ao Coração de Jesus e ao Imaculado Coração de Maria, a quem quero amar com ternura e gratidão.

17

"A Virgem Maria foi exaltada no céu acima de todas as criaturas porque é Mãe de Deus, e é de todas as criaturas a mais humilde e a mais santa."
(*Catecismo de São Pio X*)

Sois a mais santa entre todas as criaturas, ó Virgem Maria. Intercedei a Deus para que, vivendo a humildade, eu acolha o projeto de santidade em minha vida.

18

"As tentações não têm nenhum poder sobre um cristão cujo coração é verdadeiramente dedicado à Virgem Maria."
(*São João Maria Vianney*)

Ó Mãe da confiança, sois meu auxílio nas tentações, fazei-me crescer em amor e fé no Coração de vosso amado Filho Jesus.

Fevereiro

Fevereiro

19

"Deste-nos a tua Mãe como nossa,
para que nos ensine a meditar
e adorar no coração. Ela, recebendo a
Palavra e colocando-a em prática,
fez-se a mais perfeita Mãe."
(*São João Paulo II*)

**Ó Mãe querida, que nos destes Jesus,
ajudai-me a estar atento ao que
Ele me diz e a viver a vida em atitude
de meditação e oração.**

20

"A piedosa invocação da Virgem Maria
é sinal de salvação."
(*São Bernardo de Claraval*)

**Eu vos invoco, Virgem Maria, não
desprezeis minhas súplicas e orações
no dia de hoje. Que eu viva o mistério
da salvação que me foi dada pela
vida de Jesus, vosso amado Filho.**

21

Fevereiro

"Maria nunca se engrandeceu por ser a Mãe do Salvador. Aprendamos com ela a sermos mais humildes, solidários e atenciosos."
(*São Maximiliano Kolbe*)

Ó Mãe da humildade, ajudai-me, com vossa proteção, a crescer em atenção e solidariedade, sem nunca querer ser melhor que ninguém, vivendo a humildade evangélica.

22

"O que tem amor à Maria Santíssima, esse terá a perseverança."
(*São João Berchmans*)

Ó Mãe bondosa, que o amor que tenho por vós ajude-me a manter-me perseverante em meio às dúvidas, dificuldades e dissabores deste mundo.

Fevereiro

23

"Maria, tu és aquela que está mais perto
de Jesus. Permanece ao meu lado
até que eu o encontre."
(*Tomás de Kempis*)

Vinde caminhar a meu lado, ó Mãe da esperança. Não me desampareis na busca do que Jesus me pede e ajudai-me a viver sempre o que Deus quer de mim.

24

"Sou todo teu, Maria,
e tudo o que é meu te pertence."
(*São Luís de Montfort*)

Eu vos consagro, ó Maria, tudo o que tenho e possuo, todo o meu ser, meus sentimentos e planos. Recordai a Deus as minhas necessidades e alcançai-me as graças necessárias.

25

*"A bem-aventurada Virgem é o modelo
e o exemplo de todas as virtudes.
Nela achareis o modelo da humildade."*
(*Santo Tomás de Aquino*)

**Ó Maria, Mãe de bondade e modelo
das virtudes divinas, alcançai-me,
de vosso amado Filho,
crescer em humildade e mansidão.**

26

*"As orações de Maria Santíssima junto a
Deus têm mais poder junto da Majestade
Divina que as preces e intercessão de todos
os anjos e santos do Céu e da Terra."*
(*Santo Agostinho*)

**Volvei o vosso olhar de amor, ó Maria
Santíssima, e rezai por mim junto a Deus,
pois confio no vosso poder materno
que cuida, orienta e intercede sempre.**

Fevereiro

Fevereiro

27

"Se possuímos Maria Santíssima,
temos tudo com Ela."
(*São Gabriel da Virgem Dolorosa*)

Ó Maria Santíssima, ajudai-me a estar sempre unido ao vosso imaculado coração para crescer no amor a Deus e servir com alegria aos meus irmãos.

28

"Maria é a Mãe que, na sua dor, dá ao Filho
e ao mundo a sua vida.
Ela é a mulher que não se esconde da cruz."
(*José Tolentino Mendonça*)

Ó Maria, sois a Mãe que nos revela o segredo para superar as dores e os sofrimentos que a vida nos impõe. Ajudai-me a levar com amor a cruz de cada dia.

29

Fevereiro

"Como é bom ter uma Mãe que nos ama e nos protege do mal! Essa Mãe que nos recebeu por filhos no momento da crucificação de Jesus. Ele mesmo nos deu sua Mãe de presente como prova do seu amor por nós."
(Santa Teresa Benedita da Cruz)

Ó Mãe de Jesus, ajudai-me a vencer toda perturbação e maldade para bem caminhar e acolher o imenso amor que brota do Coração de seu Filho.

Março

Março

1

"O Santo Rosário incendiou os fiéis de
amor, e deu-lhes nova vida."
(São Pio V)

Fazei, ó Deus de bondade, que, honrando a Mãe de Jesus com a recitação do Santo Rosário, eu cresça em disponibilidade e meu coração seja abrasado de amor e bondade por saber-me amado por vós.

2

"Quando se passa diante de uma imagem de Nossa Senhora deve-se dizer:
'Eu a saúdo, ó Maria.
E cumprimente Jesus por mim'."
(São Pio de Pietrelcina)

Eu vos saúdo, ó Mãe de Jesus, e desejo que vosso nome esteja sempre em meus lábios para louvar e agradecer a Deus por vossa bondade e disponibilidade em acompanhar a vida de Jesus.

Março

3

"A Virgem Maria ultrapassa os Anjos em sua intimidade com o Senhor."
(*Santo Tomás de Aquino*)

Ajudai-me, Virgem Maria, a crescer em amor e intimidade com o Senhor. Sei que o caminho é a escuta da Palavra, a oração e a caridade. Confio em vossa proteção!

4

"Não te iludas: precisas de amparo. E esse amparo é a humilde Virgem Maria, posta por Deus para ser esteio de nossa fragilidade, como outrora para sustento, defesa e guarda da infância do Verbo Encarnado."
(*Madre Maria José de Jesus*)

Ó Mãe de Jesus, amparo dos que vos invocam e em vós buscam auxílio, ajudai-me, em minha fragilidade, a crescer em atenção ao projeto divino e a servir o reino como Cristo merece.

Março

5

"Junto de Maria, manteremos acesa
a chama da fé e da esperança.
A pedra da dor será removida pelo
resplendor da ressurreição, que ilumina
o nosso presente e o nosso futuro."
(*Papa Francisco*)

**Ajudai-me, ó Mãe de Jesus, a manter
acesa a chama da fé e da esperança
em meio às dificuldades da vida para
contemplar a luz que brota
da ressurreição.**

6

"Felizes as pessoas que rezam bem o
Santo Rosário, porque Maria Santíssima
lhes obterá graças na vida,
graças na hora da morte e glória no Céu."
(*Santo Antônio Maria Claret*)

**Ofereço-vos, Ó Mãe de Jesus, as
orações, intenções, alegrias e os
sofrimentos de cada dia ao rezar cada
Ave-Maria. Acolhei minha devoção
e transformai meu coração.**

Março

7

"Maria, uma virgem não profanada.
Virgem tornada inviolável pela graça,
livre de toda mancha do pecado."
(Santo Ambrósio)

Ó Maria, sem pecado e sem mancha, que eu cresça em santidade, buscando diariamente a vontade de Deus, que me ama e cuida do meu coração.

8

"O canto de Maria, o Magnificat,
é o cântico da esperança,
é o cântico do Povo de Deus
no seu caminhar através da história."
(Papa Francisco)

Ajudai-me, Mãe de Jesus, a cantar as maravilhas que Deus tem feito em minha vida, inspirado no hino que cantastes para bendizer a ação de Deus em sua vida.

9

*"Deixa todas as preocupações
à Imaculada."
(São Maximiliano Kolbe)*

Ó Maria, Mãe Imaculada, deixo à vossa proteção todas as preocupações que tantas vezes me inquietam e não me deixam viver em paz. Sois a Mãe que acolhe e ampara!

10

*"A Santíssima Virgem cuida dos meus pequeninos desejos,
apresenta-os ou não a Deus;
a Ela cabe pensar como há de fazer para não o forçar a me ouvir."
(Santa Teresinha do Menino Jesus)*

Ó Mãe querida, que grande graça viver na intimidade divina: olhai os desejos pequenos que tenho comigo e veja se vale a pena apresentá-los a Deus.

Março

11

"O fato de ser Mãe de Cristo traz a Maria lugar único no mistério da redenção, já que por meio dela é que veio ao mundo o Salvador. Essa cooperação na obra da salvação faz de Maria, espiritualmente, a Mãe de todos os homens."
(*Santo Agostinho*)

Ó Mãe de Jesus, vós que destes ao mundo o Salvador, Jesus Cristo, ajudai-me a crescer em amor e a servir as pessoas com maior liberdade.

12

"Jesus Cristo é o único Mediador entre Deus e a humanidade, e a Imaculada é a única Medianeira entre Jesus e a humanidade."
(*São Maximiliano Kolbe*)

Ó Maria, confio que estais sempre recordando ao vosso Filho as minhas necessidades e as de toda a humanidade, porque sois Mãe atenta e preocupada. Fazei que eu cresça em fé e esperança!

13

Março

"Maria é a Mãe de Jesus e a Mãe de todos nós, embora tenha sido só Cristo quem repousou no colo dela."
(Martinho Lutero)

Sois a Mãe de Jesus e a nossa Mãe querida, que acolhe, cuida, ampara e protege os filhos nas batalhas desta vida.

14

"Deixai-me chorar, ó Senhora, porque sou eu o culpado e vós sois inocente."
(São Boaventura)

Ó Senhora das Dores, carregastes no silêncio do vosso coração os segredos divinos e os sofrimentos de Jesus. Amparai-me nos momentos de sofrimento e de dor que eu possa experimentar.

Março

15

"Maria, és a Mãe do Universo. Quem não se anima ao ver-te tão pura, tão terna, tão compassiva, a revelar seus íntimos tormentos? Se é pecador, tuas carícias o enternecem. Se é teu fiel devoto, somente tua presença acende a chama viva do amor divino."
(*Santa Teresa dos Andes*)

Ó Mãe de Jesus, acolhe minha prece neste dia. Quero estar contigo, agradecendo e louvando a ação divina em minha vida.

16

"Vosso nome, ó Maria, é melodia para os ouvidos, mel para o paladar, júbilo para o coração."
(*São Gabriel da Virgem Dolorosa*)

Que meus lábios proclamem o vosso nome, ó Mãe de Jesus, que é alegria para meu coração, amparo nas dificuldades e consolo nas tribulações.

17

"Quem ama Jesus, ama Maria. Quem não
ama Maria, não ama Jesus."
(São João Eudes)

**Ó Deus de bondade, concedei-me
a graça de crescer em amor para
com Jesus e sua Mãe Santíssima.
Amar bem ao Filho é buscar crescer
em amor para com sua Mãe.**

18

"No colo de Maria quero repousar,
se aí ficou Jesus,
então esse é o meu lugar."
(Anônimo)

**Nas angústias da vida, no cansaço
de cada dia, nas dúvidas e na solidão,
recorro à Mãe de Deus, que me ampara e
acalenta meu coração de filho amado.**

Março

19

"Vós que quereis levar todos ao Senhor, à salvação eterna, implantai verdadeira devoção a Maria, em toda alma, em toda família, na Igreja e no mundo inteiro."
(*Beato Tiago Alberione*)

Ó Deus de bondade, aumentai o fervor de meu coração para crescer em amor verdadeiro para com vossa amada Mãe. Que ela proteja e ampare os lares, a Igreja e toda a humanidade.

20

"Se o vento das tentações se levanta, se o rochedo das tribulações se interpõe em teu caminho, olha a estrela, invoca Maria."
(*São Bernardo de Claraval*)

Ó Maria, estrela reluzente de bondade e beleza, sois a Mãe que intercede e aponta o caminho. Ajudai-me a fazer a vontade de Deus em meio às dificuldades desta vida.

21

"Um dos principais remédios contra o demônio é recorrer à Virgem Maria."
(São João da Cruz)

Não me deixeis cair nas tentações e sustentai meus passos com vosso olhar materno, ó Virgem Maria. Que eu me afaste de todas as ocasiões de pecado e mantenha acesa a lâmpada da minha fé.

22

"Dê-me uma geração de boas mães cristãs e eu mudarei o mundo."
(São João Crisóstomo)

Rezo ao Senhor por todas as mães cristãs que, como Maria, geram, dão vida, acolhem, cuidam e acompanham seus filhos. Que sejam abençoadas e respeitadas em seus direitos.

Março

Março

23

"Se o demônio não dorme para nos perder, Nossa Senhora não nos abandona um momento sequer."
(*São Pio de Pietrelcina*)

Ó Mãe do cuidado, protegei-me com vossa graça materna para que nos momentos de dúvida e de perseguição eu não me desespere, pois que estais comigo.

24

"Maria torna Cristo mais simpático, mais belo, mais atraente."
(*Santo Oscar Romero*)

És a Mãe da beleza e a vós eu peço a graça de acolher o vosso Filho Jesus em cada pessoa que de mim se aproximar. Que eu não perca a oportunidade de servir a Cristo.

25

"Eis que a Virgem conceberá e dará à luz um filho, ao qual será dado o nome de Emanuel, que quer dizer: Deus conosco."
(*Mateus 1,23*)

Sois, ó Mãe de Jesus, a Virgem que acolheu o Filho de Deus, gerando-o e acompanhando-o em sua vida. Alcançai-me essa mesma graça.

26

"Nas tentações, recorra a Jesus Crucificado e a Maria, Mãe das Dores."
(*Santo Afonso de Ligório*)

Ó Mãe de Jesus, que experimentastes alegrias e dores na acolhida e no seguimento ao vosso amado Filho, amparai-me nos tantos momentos em que me deixo levar pelas tentações deste mundo.

Março

Março

27

"Deus só concede a graça da devoção a Maria Santíssima àqueles que quer salvar."
(São João Damasceno)

Ó Deus de bondade, acolho a salvação oferecida pela vida de Jesus e me recomendo à proteção materna de Maria Santíssima. Seguindo o seu exemplo, quero fazer sempre a vossa vontade.

28

"Deus quer servir-se de Maria Santíssima na santificação das almas."
(São Luís de Montfort)

Ó Mãe de bondade, sois aquela que acolheu a graça divina, e durante a vida fostes santificada pela dedicação total a Jesus e pelo olhar materno de cuidado. Amparai-me com vossa proteção!

29

Março

"Deste-nos a tua Mãe como nossa, para que nos ensine a meditar e adorar no coração. Ela, recebendo a Palavra e colocando-a em prática, fez-se a mais perfeita Mãe."
(*São João Paulo II*)

Ó Mãe de Cristo, ensinai-me a adorar e meditar no coração a Palavra de Deus que me é dirigida diariamente, acolhendo-a e colocando-a em prática.

30

"Nunca deixe passar um sábado sem fazer um obséquio a Maria Santíssima."
(*São João Bosco*)

Ó Maria Santíssima, Mãe de Jesus, ao vos louvar e agradecer quero também demonstrar minha gratidão por tantos benefícios que tenho recebido de vosso Imaculado Coração.

Março 31

"Que possamos voltar o olhar à Mãe de Deus, nas bodas de Caná. O seu olhar silencioso e perscrutador observa tudo e percebe onde falta alguma coisa. E antes que alguém perceba e ocorra algum embaraço, ela já prestou a sua ajuda."
(*Santa Teresa Benedita da Cruz*)

Ó Mãe da providência, ajudai-me a dilatar meu coração para estar atento às necessidades dos demais e ser diligente para buscar solução aos seus problemas.

Abril

Abril

1

"Regenerados pelo santo batismo, nós também correspondemos à graça da vocação, imitando nossa Mãe Imaculada e aprofundando incessantemente nosso entendimento de Deus, para melhor conhecê-lo, servi-lo e amá-lo."
(*São Pio de Pietrelcina*)

Ó Deus, concedei-me sabedoria e discernimento para melhor vos conhecer, amar e servir, como fez a Mãe de Jesus, vossa filha escolhida.

2

"Sua Mãe disse aos serventes: 'Fazei tudo que ele vos mandar'."
(*João 2,5*)

Ó Maria, Mãe providente e atenta, ajudai-me a estar atento ao que Cristo me diz e a fazer tudo o que ele quiser.

3

Abril

"Não podemos duvidar de que São José
foi um homem muito santo e muito digno
de confiança, uma vez que seria
o esposo da Mãe do Senhor."
(*São Bernardo de Claraval*)

**Protegei-nos, São José, e, juntamente
com a Virgem Maria, olhai por nossas
famílias para que cresçam em
amor, fidelidade e testemunho.**

4

"Jamais estará longe de Jesus
quem está perto de Maria."
(*Anônimo*)

**Ó Mãe de Jesus, acolhei-me debaixo
do vosso manto protetor e desatai
os nós da minha vida, para que eu me
aproxime sempre mais de Jesus.**

Abril

5

"Maria, uma simples jovem do interior, que carrega no coração toda a esperança de Deus! No seu ventre a esperança de Deus se fez carne, tornou-se homem, se fez história: Jesus Cristo."
(Papa Francisco)

Ó Maria, concebida sem pecado, fazei crescer em meu coração a esperança de amar e servir sempre mais, como Deus deseja.

6

"Quem ama sinceramente a mãe de Jesus adquire pouco a pouco um grande amor à divina Eucaristia."
(Pe. Júlio Maria de Lombaerde)

Ó Cristo, que meu amor à vossa Mãe modele o meu coração e a minha vida para crescer em amor à divina Eucaristia, vosso Corpo e Sangue entregue para a vida do mundo.

7

"A menor oração à Mãe de Deus não fica sem resposta."
(*Santo André Corsino*)

Escutai minha humilde prece de gratidão, ó Mãe de Deus, e alcançai as graças que me são necessárias para crescer em santidade e mansidão.

8

"Mãe é uma pessoa tão importante em nossas vidas que Deus deveria ter criado primeiro a mãe, depois o homem e ter-lhe dito: Esta é tua mãe!"
(*Nini Maria*)

Sois a Mãe, a mais importante das mulheres, que acolheis a vontade de Deus e a pondes em prática. Quero acolher-vos sempre mais como a Mãe, entregue a mim na Cruz, por seu Filho Jesus.

Abril

9

"Decidi-me firmemente a não desejar um coração melhor do que este que Maria quiser me dar, pois ela é a amável Mãe dos corações, a Mãe do Santo Amor, Mãe do Coração dos corações."
(São Francisco de Sales)

Ó Mãe do Santo Amor, dirijo-me a vós para pedir o dom de um coração disponível ao que Deus quiser me conceder. Não desejo honra, nem riqueza, nem poder. Quero apenas servir com humildade.

10

"Quando pedimos alguma graça à Santíssima Virgem, é um socorro imediato o que se recebe. Ainda não o observaste? Fazei a experiência e vereis!"
(Santa Teresinha do Menino Jesus)

Ó Mãe Santíssima, a grande graça que desejo é estar atento à voz de Deus, que me chama e fortalece minha vida todos os dias.

11 Abril

"Debaixo do manto da Virgem Maria encontram amparo todos os pecadores que nela se refugiam."
(*Santo Afonso de Ligório*)

Ó Virgem Maria, sois o refúgio dos que em vós confiam e buscam proteção. Eu, igualmente, imploro o vosso materno amparo em todas as necessidades de minha vida.

12

"Recorre à Virgem Maria! Sem a menor dúvida eu digo que o Filho atenderá a sua Mãe."
(*São Bernardo de Claraval*)

Ó Virgem Maria, na presença do vosso Filho sois a intercessora por nossas necessidades. Olhai bondosamente para o meu coração e ajudai-me a caminhar conforme a vontade de Jesus.

Abril

13

"Desde a minha juventude o Santo Rosário teve um lugar importante na minha vida espiritual."
(São João Paulo II)

Ó Mãe de ternura e beleza, acolhei a oração que todos os dias ofereço a vós na recitação do meu terço. Que eu não me canse de implorar a vossa proteção.

14

"Pela Imaculada atingirás a santidade. Portanto, recorre a ela em todas as necessidades."
(São Maximiliano Kolbe)

Ó Mãe Imaculada, recorro à vossa proteção em minhas necessidades e confiante agradeço que serei atendido por Jesus, que nunca despreza uma súplica nos momentos difíceis.

15

"Deus depositou a plenitude de todo o bem em Maria, para que nisso conhecêssemos que tudo o que temos de esperança, graça e salvação, dela deriva até nós."
(São Boaventura)

Ó Maria, sois a Mãe da esperança! Fostes cumulada com todas as graças divinas e é por isso que confio a vós as minhas necessidades e a minha gratidão.

16

"A Virgem Maria é tão bonita que todos que a veem gostariam de morrer para revê-la."
(Santa Bernadete Soubirous)

Ó Virgem Maria, sois a plenitude da beleza humana que acolhe a vontade de Deus. Fazei que eu possa vos louvar todos os dias.

Abril

Abril

17

"O coração de Maria é tão terno conosco que, em comparação, os de todas as outras mães juntas formam só um pedaço de gelo."
(*São João Maria Vianney*)

Ó Mãe de ternura e bondade, favorecei-me com vosso manto de proteção, que me ajuda a crescer na acolhida da graça divina e no serviço ao próximo.

18

"Quem quer o fruto deve também querer a árvore. Quem, pois, quer a Jesus, deve procurar Maria; e quem acha Maria, certamente acha também Jesus."
(*Santo Afonso de Ligório*)

Sois a bela árvore que gerou o fruto da vida, ó Mãe de Jesus. Alcançai-me a graça de acolher a vontade de Deus como vós o fizestes.

19

Abril

"Ó Mãe, que grande segredo de perfeição
e de santidade é a vida sob teu olhar
e junto de teu coração."
(Madre Maria José de Jesus)

Ó Mãe, singela e cheia de amor, sois modelo de santidade, pois em vós contemplamos o modelo de vida entregue, olhar atento e coração confiante. Ajudai-me a buscar tal segredo diariamente!

20

"A Igreja, quando busca a Cristo,
bate sempre à casa da Mãe e pede:
'Mostrai-nos Jesus'.
É de Maria que se aprende o
verdadeiro discipulado."
(Papa Francisco)

Ó Maria, mostrai-nos Jesus, o vosso Filho querido. Com Ele queremos aprender a ser bons discípulos do Evangelho da alegria.

Abril

21

"Deus que criou todas as coisas, fez-se a si mesmo por meio de Maria Santíssima."
(*Santo Anselmo*)

É Maria Santíssima o ventre bendito que gerou Jesus, o Deus feito homem para nossa vida e salvação. Que ela seja bendita por todos os séculos.

22

"Na devoção a Maria Santíssima, tendes um sustentáculo para vós, uma arma poderosa contra as investidas do Demônio."
(*São João Bosco*)

Ó Mãe Santíssima, sois um escudo protetor contra as ciladas do inimigo e contra as maldades das pessoas que estão ao meu redor. Amparai-me com vossa proteção materna!

23

"Ó Maria dulcíssima, Mãe de Jesus e nossa Mãe, pegue-nos pela mão, seja nossa inspiradora e nossa guia."
(*São Pio de Pietrelcina*)

Ó Mãe de Jesus, nossa esperança, sois nossa inspiração e guia nos caminhos da vida. Fazei que possamos estar sempre unidos a vós nesta caminhada.

24

"A Virgem foi, pois, isenta de toda maldição e bendita entre as mulheres. Ela é a única que suprime a maldição, traz a bênção e abre as portas do Paraíso."
(*Santo Tomás de Aquino*)

Ó Virgem Maria, sois bendita entre todas as mulheres, amada desde sempre e isenta da maldade. Abençoai minha vida e alcançai de Cristo a bênção de que necessito.

Abril

25

"Nada igual a Maria, nada maior que Maria,
senão só Deus."
(*Santo Agostinho*)

Ó Altíssimo e bondoso Senhor, criador de todas a coisas, venho à vossa presença para louvar e bendizer a vida de Maria, Mãe de Jesus, que buscou sempre, em tudo, fazer a vossa vontade.

26

"Lembre-se de que você tem no Céu
não somente um Pai,
mas também uma doce Mãe."
(*São Pio de Pietrelcina*)

Faço minhas as palavras da piedade popular: "com minha Mãe estarei na santa Glória, um dia", para louvar e bendizer a Deus juntamente com Maria.

27

"Tudo o que temos de benefícios de Deus, nós o recebemos pela intercessão de Maria. E por que é assim? Porque Deus assim o quer."
(São Bernardo de Claraval)

Confio à vossa intercessão, Santa Mãe de Deus, os meus dias, a minha vida, a minha vontade e todo o meu ser. Não desprezeis os louvores de meus lábios.

28

"Ainda não se louvou, exaltou, honrou, amou e serviu suficientemente a Maria Santíssima, pois muito mais louvor, respeito, amor e serviço ela merece."
(São Luís de Montfort)

Todo o louvor da humanidade é pouco diante de tanto amor demonstrado a Deus e à humanidade. Sou grato, Mãe querida, por tantos benefícios que recebo de vossas mãos benditas.

Abril

29

"Quem respeita Maria,
seja santo ou pecador,
não será levado pelo demônio infernal."
(*Santa Catarina de Sena*)

Fazei crescer, ó Deus, o meu amor e respeito para com a Mãe de Jesus, ela nos protege no vale de lágrimas de nossa existência.

30

"Maria, hoje permaneci contigo sob a cruz e jamais sentira tão claramente que foi sob a cruz que te tornaste nossa Mãe. Como a fidelidade de uma mãe da terra não escutaria solícita a última vontade do filho?"
(*Santa Teresa Benedita da Cruz*)

Mãe das Dores, que no sofrimento vos tornastes nossa Mãe, ajudai-me a contemplar o vosso amado Filho e a vencer as dores e angústias diárias.

Maio

Maio

1

"Todas as minhas obras e trabalhos têm como base duas coisas: a Santa Missa e o Santo Rosário."
(São João Bosco)

Mãe do Senhor, protegei meu coração da maldade e alcançai de Vosso amado Filho a graça de nutrir-me da Eucaristia e da Palavra de Deus, rezando diariamente o meu Terço.

2

"Se o Filho é Rei, com toda razão devemos ter sua Mãe por Rainha."
(Santo Atanásio)

Sois a Rainha do céu e da terra, ó Mãe de Jesus, e a vós recorro em minhas aflições. Ajudai-me a não desanimar e fazei crescer minha vontade de servir ao Reino de Cristo.

Maio

3

"Pelo 'sim' de Maria o mundo obteve a salvação; a humanidade foi redimida."
(*São Pio de Pietrelcina*)

Ajudai-me, Mãe de Jesus, a dizer o meu sim todos os dias, não dando atenção a tantos apelos que me tiram do caminho e distraem o foco do meu amor e da minha vontade de servir a Deus.

4

"Seria impossível citar a multidão, sem conta, de santos que encontraram no Santo Rosário um autêntico caminho de santificação."
(*São João Paulo II*)

Ofereço-vos, Mãe querida, as minhas orações diárias, unido ao vosso coração materno, em agradecimento pelas maravilhas que Deus está fazendo em minha vida.

Maio

5

"O seu Magnificat é o cântico do Povo de Deus a caminho e de todos os homens e mulheres que esperam em Deus, no poder da sua misericórdia."
(*Papa Francisco*)

Ajudai-me, Mãe de Jesus, a cantar as maravilhas que Deus vem realizando em minha vida, pois sua misericórdia é grande e eterna.

6

"Maria Santíssima deseja tanto que sejamos felizes!"
(*São João Maria Vianney*)

Ajudai-me, Mãe Santíssima, a crescer em santidade e escuta da vontade de Deus e, assim, alcançar diariamente a felicidade que desejo.

Maio

7

"Em todo perigo, invocai Maria;
eu vos asseguro que sereis ouvidos."
(São João Bosco)

Ó Mãe de Jesus, defendei-me dos perigos e cuidai do meu coração para que meus projetos, pensamentos e palavras sejam ancorados no amor de Deus.

8

"Aprendamos com Jesus e Maria
a abraçar as cruzes, porque sem elas
não podemos viver neste mundo."
(Santo Afonso de Ligório)

Ó Jesus e Maria, vós sois o amparo de minha vida: ajudai-me a abraçar a cruz de cada dia e a viver cada dia como um dom precioso de amor.

Maio

9

"A lança que abriu o lado de Jesus, transpassou a alma da Virgem, que não podia separar-se do Filho."
(*São Bernardo de Claraval*)

É no sofrimento que nosso amor é provado. Permanecendo fiel aos pés da cruz, sentindo toda a maldade causada ao vosso Filho, ajudai-me, Mãe de Jesus, a não desanimar na dor e no sofrimento.

10

"Um dos principais remédios contra o demônio é recorrer à Virgem Maria."
(*São João da Cruz*)

Ó Mãe de bondade e misericórdia, ajudai-me a vencer as dúvidas e preocupações que agitam minha vida e me fazem tantas vezes vacilar e não confiar em Deus.

Maio

11

"A coisa mais parecida com os olhos de Deus são os olhos de uma mãe."
(*José Tolentino Mendonça*)

Hoje quero rezar e agradecer a Deus por minha mãe e por ter-nos dado Maria de Nazaré como Mãe de Jesus e nossa. Ela acompanha carinhosamente cada passo do meu caminhar.

12

"Olhemos para Maria e, com o coração agradecido, pensemos e olhemos também para as mães, para aprender aquele amor que é cultivado sobretudo no silêncio."
(*Papa Francisco*)

Ó Mãe de Jesus, louvo e agradeço por vossa vocação de acolher a vontade de Deus para ser mãe do Verbo Eterno e rezo hoje por todas as mães, para que vivam a maternidade como um dom divino.

Maio

13

"A Santíssima Virgem adiantou-se para mim! Sorriu-me. Que ventura, a minha!"
(*Santa Teresinha do Menino Jesus*)

Ó Mãe de Jesus, de sorriso fácil e de coração atento, olhai minhas necessidades e apresentai-as ao vosso amado Filho Jesus.

14

"Jesus honrou a Virgem Maria, sua Mãe, antes de todos os tempos, e a honrará por toda a eternidade."
(*São Maximiliano Kolbe*)

Ó Virgem Maria, confiante em vossa bondade, peço a vossa proteção, pois sei que nunca desemparais um pedido em momento de dor e aflição.

15

Maio

"A missão de Maria é gerar Cristo em nós!"
(*São Luís de Montfort*)

Fazei, Mãe querida, que eu também possa gerar Cristo em mim e servi-lo com alegria e prontidão. Não deixeis que meu coração se canse de fazer o bem.

16

"Ó Mãe de Deus, se eu estiver debaixo da tua proteção, não tenho nada a temer."
(*São João Damasceno*)

"À vossa proteção recorremos, Santa Mãe de Deus!". Que meus lábios vos louvem e meu coração vos ame sempre mais, pois confio em vossa proteção.

Maio

17

"De onde me vem a felicidade de que a mãe do meu Senhor me venha visitar?"
(*Lucas 1,43*)

Ó Maria, alcançai-me de vosso amado Filho a graça de louvar e agradecer tantos benefícios que diariamente recebo da Providência divina.

18

"Bendito seja o nosso Deus, que nos deu a sua Mãe por nossa Mãe."
(*Beata Maria Maravilhas de Jesus*)

Seja bendito o nome do Senhor, que escolheu Maria para Mãe do Verbo eterno. E bendita seja a Mãe, que acolheu em seu corpo e em sua vida tão grande missão.

Maio

19

"Uma gravidez não planejada pela mãe foi a nossa salvação."
(*Anônimo*)

Ó Mãe de Jesus, rezo hoje por todas as jovens que tantas vezes devem levar adiante uma gravidez não planejada. Que tenham a força que tivestes e a vossa proteção materna.

20

"Deus outorgou à Santíssima Virgem tanta graça que mais é impossível conceder a uma criatura, exceto Jesus Cristo."
(*São Bernardino de Sena*)

Ó Mãe, cheia de graça, fostes contemplada com tanta bondade divina ao abrir-se ao projeto de amor. Amparai-me em minhas necessidades!

Maio

21

"Nos perigos, nas angústias, nas dúvidas, pensa em Maria, invoca Maria."
(*São Bernardo de Claraval*)

Mãe amada, nas horas difíceis e nas tribulações, amparai-me com vossos braços bondosos para que eu possa caminhar em paz!

22

"Bendita és tu entre as mulheres e bendito é o fruto do teu ventre."
(*Lucas 1,42*)

Sois bendita, Mãe de Jesus, porque em vosso ventre gerastes o Salvador da humanidade. Ajudai-me a cuidar da vida de tantas crianças abandonadas e que sofrem.

23

"Nossa Senhora, infunde em mim o mesmo amor que arde em teu coração por Jesus."
(*São Pio de Pietrelcina*)

Ó Mãe da confiança, ajudai-me a crescer em ardor e a confiar mais nas promessas do coração de vosso amado Filho Jesus, que deseja que o nosso coração seja manso e humilde como o dele.

24

"Maria é Mãe de Deus e tudo consegue; é mãe dos seres humanos e tudo concede."
(*São Francisco de Sales*)

Ó Deus, peço-vos, por intercessão da Mãe de Jesus, que eu esteja disponível para servir sempre mais ao Reino.

Maio

25

"Recomendai constantemente a devoção a Nossa Senhora Auxiliadora e a Jesus Sacramentado."
(*São João Bosco*)

Ó Maria, nosso auxílio diário, ajudai-me a confiar sempre mais na vossa intercessão e a alimentar-me do Corpo e Sangue de vosso amado Filho.

26

"Se quereis perseverar, sede devotos de Maria Santíssima."
(*São Felipe Néri*)

Ó Deus de amor, aumentai a minha fé e o meu amor, que eu seja perseverante nos meus propósitos cristãos e na minha devoção à Mãe de Jesus.

Maio

27

"Por mais que possas amar muito a Maria, ela sempre te amará muito mais."
(*Anônimo*)

Ó Mãe de Jesus, sinto-me agraciado com vossa presença materna sempre a abençoar-me e a proteger-me nas realidades deste mundo.

28

"A santíssima Virgem nos ajuda a caminhar pela estrada do céu."
(*São João Bosco*)

Que doce alegria saber que a Mãe de Jesus me acompanha com seu amor maternal. A ela peço a proteção na estrada que vai conduzindo ao Coração divino.

Maio

29

"Para a glória da Virgem e para o nosso conforto, proclamamos Maria Santíssima, Mãe da Igreja."
(São Paulo VI)

Ó Santíssima, Mãe da Igreja, a vós recorremos em nossas necessidades e confiamos a missão da Igreja de Cristo, que peregrina neste mundo.

30

"Muitas almas estão no céu graças às orações de Maria, pois, de outra forma, lá não estariam."
(Santo Tomás de Aquino)

Ó Maria, nossa Mãe intercessora, agradeço porque sei que intercedeis por mim junto ao vosso amado Filho. Que eu cresça em bondade e compaixão.

31

Maio

"Maria, tu nos conheces a todos:
nossas feridas, nossas chagas,
tu conheces também o esplendor celeste
que o amor de teu Filho quer difundir
sobre nós na claridade eterna.
Assim, guia solícita nossos passos."
(*Santa Teresa Benedita da Cruz*)

Ó Mãe de Jesus, sois a estrela brilhante, ajudai-me a andar com vosso Filho, sentindo sempre vossa materna proteção, que não me desempara.

Junho

Junho

1

"A Imaculada é a mãe de todos os viventes."
(*Papa Francisco*)

Ó Maria, mãe de todos os viventes, alcançai de vosso amado Filho as graças necessárias para que eu tenha disponibilidade interior para servir à missão do Reino com alegria.

2

"Sua Mãe disse aos serventes: 'Fazei tudo o que eles vos mandar'."
(*João 2,5*)

Ó Maria, Mãe providente e atenta, ajudai-me a estar atento ao que Cristo me diz e a fazer tudo o que ele quiser.

Junho

3

"Que Nossa Senhora nos obtenha a graça de viver como Deus quer."
(*São Pio de Pietrelcina*)

Que coisa boa é viver o projeto de Deus em nossas vidas. Alcançai-me, Nossa Senhora, a graça de uma atenção maior ao projeto de Deus para viver aquilo que Ele quer de mim.

4

"A Ave-Maria é uma oração que jamais cansa."
(*São João Maria Vianney*)

Ó Deus, desejo que cada Ave-Maria que meus lábios pronunciem seja para louvar e agradecer à Mãe de Jesus pela disposição e acolhida à vossa graça.

5

Junho

"Dizer 'Mãe de Deus' lembra-nos isto: Deus está perto da humanidade como uma criança da mãe que a traz no ventre."
(*Papa Francisco*)

Ó Mãe de Deus, alcançai-me a graça de saber-me amado por Deus e sentir sua proximidade.

6

"Tudo a Jesus por Maria, tudo a Maria para Jesus."
(*São Marcelino Champagnat*)

Fazei, Mãe de Jesus, que eu busque servir ao Reino de Deus acolhendo as graças de vosso Filho Jesus e a confiar na vossa proteção materna, que me acompanha diariamente.

junho

7

"Dai-nos vossos olhos, ó Maria, para decifrarmos o mistério que se esconde nos frágeis membros do vosso Filho. Ensinai-nos a reconhecer a sua face nas crianças de toda raça e cultura."
(São João Paulo II)

Ó Mãe de ternura, dai-me a vossa proteção e fazei-me reconhecer o rosto de Cristo no rosto daqueles que sofrem. É na dor que contemplamos o mistério mais sublime do amor.

8

"Eu amei Nossa Senhora antes mesmo de conhecê-la; ela é o meu mais antigo afeto."
(São João Maria Vianney)

Ó Deus, pleno de bondade e mansidão, peço-vos a graça de crescer na devoção e no afeto a Nossa Senhora, minha Mãe e Mãe de Cristo.

9

"Por ti, Mãe, o pecador está firme na esperança de caminhar para o Céu, lar da bem-aventurança! Ó Morada de Paz! Canal de água sempre vivo, jorrando água para a vida eterna!"
(*São José de Anchieta*)

Ó Maria, Mãe de Deus, sois o manancial de água que jorra para a vida eterna, sustentando-me na caminhada para o Coração de Deus, na eternidade.

10

"Olhando esta tarde a Santíssima Virgem, eu compreendi que ela sofreu não somente na alma, mas também no corpo. Sofreu nas viagens, o frio, o calor, a fadiga... jejuou muitas vezes... sim, ela sabe o que é sofrer!"
(*Santa Teresinha do Menino Jesus*)

Ó Mãe das dores e do sofrimento, eu também vos apresento o que sou, confiante nos mistérios dolorosos que estiveram presentes em sua vida.

Junho

11

"A quem Deus quer fazer muito santo, o faz muito devoto da Virgem Maria."
(*São Luís de Montfort*)

Ajudai-me, Mãe do divino Redentor, a crescer em santidade, buscando amar a Deus sobre todas as coisas e a servir com alegria a quem precisa de cuidado e proteção.

12

"Maria é aquela arca feliz, na qual quem se refugia jamais sofrerá o naufrágio da perdição eterna."
(*São Bernardo de Claraval*)

Ó Maria, sois nosso refúgio nas tribulações e amparo nos momentos de dúvidas. Alcançai-me de Jesus a graça de crescer em sabedoria, mansidão e humildade.

13

"A humildade da Virgem foi a sua disposição mais perfeita e mais próxima para ser Mãe de Deus."
(*Santo Antônio de Pádua*)

Ajudai-me, Mãe de Deus, a viver a humildade nas pequenas e grandes coisas da vida e a dispor meu coração para o que o Senhor quiser de mim.

14

"Quanto mais pertençamos à Imaculada, tanto melhor compreenderemos e amaremos o Coração de Jesus."
(*São Maximiliano Kolbe*)

Ajudai-me, Mãe Imaculada, a compreender e a amar com mais ternura o Coração amado de Jesus, que por nós deu a vida e abriu o caminho da salvação.

Junho

Junho

15

"Se eu não me sentar no trono do Brasil, rogo-lhe que a Senhora se sente nele por mim e governe perpetuamente."
(*Princesa Isabel*)

Ó Deus, ajudai-me a crescer em amor e graça e a reconhecer a Mãe de Jesus como a fonte inesgotável de bondade e disponibilidade.

16

"Em Maria, cumpriu-se a promessa outrora feita pelo Senhor a Davi, e José foi testemunha dessa realização."
(*São Bernardo de Claraval*)

Bendito seja São José, que testemunhou a realização do plano de Deus em sua vida e na vida de Maria. Um projeto grandioso acolhido no coração. Ajudai-me também a viver a promessa de Deus.

Junho

17

"Toda a vida da Virgem Mãe, compromissada pelo Sim da anunciação, foi uma contínua ascensão de amor."
(*Pe. Henri Caffarel*)

Ó Virgem Mãe, que acolhestes com total liberdade o anúncio da vontade de Deus, ajudai-me a crescer no amor e a viver a vocação que escolhi para servir ao Reino.

18

"Tal é a vontade de Deus, que quis que tenhamos tudo por Maria."
(*São Bernardo de Claraval*)

À vossa proteção e intercessão recorremos, Santa Mãe de Deus. Olhai com mansidão para o meu coração e fazei-me acolher as maravilhas divinas em minha vida.

Junho

19

"A oração da Virgem Maria, em seu 'Fiat' e em seu 'Magnificat', caracteriza-se pela oferta generosa de todo o seu ser na fé."
(*Catecismo da Igreja Católica, 2622*)

Ó Virgem Maria, sois a Mãe generosa que, dizendo sim ao projeto divino, cantastes as maravilhas que Deus fez na história através do vosso ventre.

20

"Na subida do Calvário, Maria Santíssima caminhou ao lado do seu filho, Jesus. Nada falou, nem mesmo junto à cruz redentora. Maria apenas esteve lá, silenciosa, marcando presença maternal."
(*Pe. Roque Schneider*)

Ó Mãe do silêncio, guardastes tantos mistérios no silêncio de vosso coração. Ajudai-me a estar presente nos momentos de dor e sofrimento dos que amo.

21

"Vede para que nasceu a Virgem Maria. Nasceu para que dela nascesse Deus."
(*Pe. Antônio Vieira*)

Ó Maria, que grande missão acolhestes em vosso coração. Ajudai-me a estar atento ao que Deus me pede e assim viver a minha vocação.

22

"Deus ajuntou todas as águas e deu o nome de mar, e ajuntou todas as graças e deu o nome de Maria."
(*São Luís de Montfort*)

Ó Maria, vosso nome é ternura, graça e disponibilidade, ajudai-me a crescer em humildade para servir ao Reino com alegria e gratidão.

Junho

Junho

23

"Nossa Senhora é mais poderosa do que todos os seus inimigos e do que todo o inferno."
(*São Pio de Pietrelcina*)

Sois Mãe que protege e ampara em meio às tribulações que vivemos. Ajudai-me a não desanimar nem perder a esperança diante dos inimigos e das situações infernais da vida.

24

"Sê devoto de Maria Santíssima e serás certamente feliz."
(*São João Bosco*)

Ajudai-me, Mãe querida, a crescer no amor a vós e na atenção à Palavra de Deus que Jesus me diz todos os dias. Que minha alegria e felicidade aumentem sempre mais!

25

Junho

"Maria deve ser conhecida e revelada pelo Espírito Santo a fim de que, por ela, se ame e se sirva a Jesus Cristo."
(*São Luís de Montfort*)

Ó Espírito Santo de Deus, iluminai minha mente e aquecei meu coração para que, com a proteção de Maria, eu possa amar e servir a Cristo como ele merece.

26

"Bendita monotonia de Ave-Marias, que purifica a monotonia dos teus pecados."
(*São Josemaria Escrivá*)

Alcançai-me, Mãe de Jesus, a graça de manter-me unido a vós pela oração de cada dia e a crescer em santidade e bondade, vencendo meus pecados.

Junho

27

"Surpreende-me que há alguns que duvidam que a Virgem Santa deve ser chamada ou não de Theotókos. Pois, se nosso Senhor Jesus Cristo é Deus, e a Virgem santa deu-o à luz, ela não se tornou Theotókos?"
(*São Cirilo de Alexandria*)

Mãe de Deus e nossa Mãe, fostes escolhida para uma grande missão: ser a Mãe do Verbo encarnado. Ele, o Salvador da humanidade, nos conceda a paz.

28

"O nó da desobediência de Eva foi desfeito pela obediência de Maria."
(*Santo Irineu*)

Fazei, ó Mãe de Jesus, que eu seja obediente à vontade de Deus e que não me deixe levar pelos ventos da maldade e do egoísmo. Que meu coração cresça em humildade e santidade.

29

Junho

"Veneremos a Maria com o mais íntimo do coração, com entranháveis afetos e máximo empenho, porque tal é a vontade do Senhor, que quis que pelas mãos de Maria recebêssemos todo o bem."
(*São Bernardo de Claraval*)

A Deus e Senhor de todas as coisas louvo e agradeço por nos ter dado Maria como Mãe de Jesus e nossa. Por sua intercessão nós recebemos tantos benefícios...

30

"Temos uma mãe no Céu que não nos abandona."
(*Santa Teresa Benedita da Cruz*)

Mãe de Jesus, ajudai-me a ultrapassar as noites escuras do caminho sentindo sempre vossa presença e proteção materna, que não abandona nenhum de seus filhos.

Julho

Julho

1

"Uma entre todas foi a escolhida,
foste tu, Maria, serva preferida.
Mãe do meu Senhor; Mãe do meu Salvador."
(*Paulo César Oliveira*)

**Ó Mãe de ternura e bondade,
favorecei-me com vosso manto
de proteção, que me ajuda a
crescer na acolhida da graça divina
e no serviço ao próximo.**

2

"Querendo ou não, o sofrimento é para
todos. Façamos dele uma virtude e peçamos
a Nossa Senhora que sempre nos assista."
(*São Pio de Pietrelcina*)

**Ó Mãe da confiança, vos peço um coração
semelhante ao vosso, pois estando aos
pés da cruz, ensinaste-nos a virtude da
perseverança final. Um amor tão grande
que ultrapassa a dor e o sofrimento!**

Julho

3

"Minha alma engrandece o Senhor, meu espírito alegra-se intensamente em Deus, meu Salvador, porque olhou para a humildade da sua serva."
(*Lucas 1,47-48a*)

Ó Deus, salvador da humanidade, como Maria, eu também quero bendizer o vosso nome e a vossa providência que de tudo cuida, tudo protege, tudo redime, tudo ama.

4

"Quando as nossas mãos tocam uma substância aromática, perfumam tudo o que tocam. Façamos passar as nossas orações pelas mãos da Santíssima Virgem Maria. Ela as perfumará."
(*São João Maria Vianney*)

Ó Mãe de Jesus, tocai com vossas mãos benditas todos os projetos e pensamentos que carrego comigo. Que sejam perfumados com a vossa materna proteção.

5

"Eis o milagre, a novidade: o homem já não está sozinho; nunca mais será órfão, é para sempre filho. E nós a proclamamos dizendo assim: Mãe de Deus! É a alegria de saber que a nossa solidão está vencida."
(*Papa Francisco*)

Mãe do Senhor, fazei que eu perceba o grande milagre diário de estar vivo e saber-me acompanhado pelo Espírito Santo de Deus.

6

"Onde está Maria, não entra o espírito maligno; e um dos sinais mais infalíveis de que se está sendo conduzido pelo bom espírito é ser muito devoto de Maria, de pensar nela muitas vezes e de falar-lhe frequentemente."
(*São Luís de Montfort*)

Ajudai-me, ó Cristo Jesus, a deixar-me conduzir pelo bom Espírito, louvando a Maria com minha prece diária e bendizendo a Deus por todos os que a amam como Mãe querida.

Julho

7

"Que no seu lar, Nossa Senhora seja para vocês uma Mãe honrada e querida."
(Pe. Henri Caffarel)

Olhai, Mãe de Jesus, Nossa Senhora, por nossas famílias. Que aprendam contigo a construir um lar cheio de paz, bondade, amor e proteção.

8

"Maria, tua honra e dignidade colocam-te acima de toda a criação e a tua sublimidade faz-te superior aos anjos."
(São Germano de Constantinopla)

Ó Mãe de Jesus, sois a mais digna de todas as mulheres porque acolhestes a vontade de Deus em sua vida. Ajudai-me a estar atento ao que Deus quer de mim.

Julho

9

"Confiai em Deus e em Maria Imaculada; permanecei firmes e ide adiante."
(*Santa Paulina*)

Mãe de Jesus e nossa Mãe, sustentai meus passos com vosso amor materno para seguir adiante no caminho que escolhi para andar.

10

"Depois de termos invocado a Nossa Senhora, se não somos atendidos, é sinal certo de que ela tem alguma razão muito séria para não nos ouvir. E, portanto, não convém insistir."
(*Santa Teresinha do Menino Jesus*)

Ó Mãe de Jesus, nem sempre eu sei pedir e nem sempre sei o que devo pedir. Olhai meus pensamentos e alcançai-me a graça mais conveniente ao serviço do Reino.

Julho

11

"Se a Eucaristia é um mistério de fé que excede tanto a nossa inteligência que nos obriga ao mais puro abandono à Palavra de Deus, ninguém melhor do que Maria pode servir-nos de apoio, de guia nessa atitude de abandono."
(*Ecclesia de Eucharistia*, 54)

Sois a Mãe de bondade, a porta sempre aberta ao mistério de Deus. Ajudai-nos a viver da Eucaristia e a abandonar-nos à vontade divina.

12

"A lembrança de vosso nome, ó Maria, consola os aflitos, reconduz os transviados para as sendas da salvação e livra os pecadores do desespero."
(*Anônimo*)

Ó Maria, o vosso nome é nosso escudo e proteção. Alcançai-nos a graça da salvação e livrai-nos do desespero e da aflição.

Julho

13

"Pede à Santíssima Virgem que seja tua guia, que seja a estrela, o farol que brilhe no meio das trevas de tua vida."
(*Santa Teresa dos Andes*)

Ó Mãe de Jesus, peço-vos de todo o coração que sejais a estrela e o farol a apontar-me a claridade em meio às "noites escuras" que atravesso em minha vida.

14

"Não confies de forma alguma em ti mesmo: em tudo confia totalmente na Misericórdia Divina, que te guia por meio da Imaculada."
(*São Maximiliano Kolbe*)

Ó Deus, de bondade e misericórdia, pela intercessão de Nossa Senhora, fazei que eu cresça na fé e na confiança em vossa bondade. Arrancai de meu coração toda autossuficiência e egoísmo.

Julho

15

"Todos aqueles que se empenham em divulgar as glórias da Virgem Santíssima têm o Céu assegurado."
(*São Boaventura*)

Ó Mãe de Jesus, louvo e agradeço por vossa disponibilidade em dispor-se à vontade de salvação que Deus lhe propôs. Fazei que eu cresça na acolhida da graça de Deus em minha vida.

16

"Flor do Carmelo, Vinha florida,
Esplendor do Céu.
Virgem fecunda e singular.
Mãe bondosa e intacta. Estrela do mar!"
(*Da Oração de São Simão*)

Ó Estrela do mar, Mãe de Jesus, recorro à vossa proteção e ajuda para vencer as tempestades que envolvem nossas vidas diariamente.

Julho

17

"Maria, que entrastes no mundo sem mancha, obtende-me a graça de sair dele sem culpa."
(*Jaculatória popular*)

Mãe da divina graça, amparai-me em minhas dificuldades e protegei-me contra todas as maldades deste mundo. Livrai-me da culpa e abrandai meu coração.

18

"Jamais se ouviu dizer no mundo que alguém tenha recorrido com confiança a essa Mãe Celeste e não tenha sido prontamente socorrido."
(*São João Bosco*)

Ó Mãe Celeste, confio na vossa proteção e peço-vos que escuteis minha oração, meu pedido e minha gratidão em saber que sois a mãe querida que me acompanha diariamente.

Julho

19

"As mães da terra nunca abandonam os seus filhos. O mesmo faz Maria, que tanto ama os seus filhos ao longo da vida; com que ternura, com que bondade não irá ela protegê-los nos últimos instantes, quando a necessidade é maior?"
(*São João Bosco*)

Ó Mãe da Boa Morte, acompanhai-me nos últimos instantes de minha vida, não me desampareis, vós que tanto nos amais.

20

"Deus nos dá uma Mãe, a mais terna, a mais compassiva que se possa sonhar."
(*Santa Elisabete da Trindade*)

Ó Mãe da ternura, fazei crescer em meu coração a humildade, a compaixão e a mansidão que jorram do Coração de Jesus, vosso amado Filho.

21

Julho

"Que pode faltar ao homem que tem a Maria por onipotente advogada diante de Deus onipotente?"
(*São Lourenço de Brindisi*)

Ó Maria, advogada dos que vos buscam de coração sincero, alcançai-me de Deus Pai a benevolência na hora de minha morte, confiante na vossa misericórdia.

22

"A admirável santidade de Maria é fruto da graça de Deus que a cumulou, em vista de sua missão. A Virgem Maria representa o que de mais digno, puro e inocente poderia oferecer esta nossa terra a Deus, a fim de que o Filho de Deus se dignasse baixar até ela."
(*Santo Agostinho*)

Sois, ó Virgem Maria, a plenitude da beleza divina repleta de dignidade, pureza e inocência. Fazei crescer em meu coração essa missão de gerar Cristo em mim e servir à sua missão.

Julho

23

"A Ave-Maria é um beijo carinhoso que damos em nossa Mãe do Céu. Ela devolve os beijos. Quantas vezes a saudarmos, tantas vezes ela devolverá nossas saudações."
(*São Bernardo de Claraval*)

Ofereço-vos, Mãe de Jesus, como saudação carinhosa, a minha oração de cada dia e agradeço, todos os dias, pelos benefícios que me tendes feito.

24

"Lembre-se de que você tem no Céu não somente um Pai, mas também uma Mãe."
(*São Pio de Pietrelcina*)

Uma confiança alegra meu coração: saber que junto do Pai está também a Mãe que olha por mim e me ampara nos momentos complicados de minha vida. Ajudai-me, Mãe de Deus, a crescer em bondade!

25

Julho

"Não há pecador, nem o maior de todos, que se perca, se Maria o protege."
(*Santo Afonso Ligório*)

Rogai pelos pecadores, ó Mãe de bondade! Cobri-me com o vosso manto materno de proteção e cuidado, sobretudo nos momentos em que me deixo levar pela maldade e pelo pecado.

26

"Jesus é, em toda parte e sempre, o fruto e o Filho de Maria; e Maria é, em toda parte, a verdadeira árvore que dá o fruto da vida e a verdadeira Mãe que o produz."
(*São Luís de Montfort*)

"Bendito é o fruto do vosso ventre", que a saudação do Mensageiro divino me ajude a vos louvar também neste dia, pois sei que sois a boa árvore que nos deu o fruto bendito, Jesus de Nazaré.

Julho

27

"Em Deus, estará para sempre a nossa humanidade, e Maria será a Mãe de Deus para sempre."
(Papa Francisco)

Ó Mãe de Deus, sois a plenitude de nossa humanidade que caminha e busca. Alcançai-me de Cristo a graça da alegria e da perseverança.

28

"Mariama, Mãe dos homens de todas as raças, de todas as cores, de todos os cantos da Terra. Pede ao teu filho que esta festa não termine aqui, a marcha final vai ser linda de viver."
(Dom Helder Câmara)

Ó Maria, Mãe de todos os povos, cuidais com bondade de todas as raças. Intercedei junto ao vosso Filho para que sejam respeitados os direitos de todas as culturas da terra.

29

Julho

"Quando rezamos o santo terço, coroamos Nossa Senhora."
(*Júlio César Gallo*)

A vós, Nossa Senhora, ofereço cada conta do meu terço rezado diariamente. Louvada sejais, porque acolhestes a vontade de Deus e a colocastes em prática.

30

"Quem não se admira da grandeza de Maria, não sabe quanto Deus é grande."
(*São Pedro Crisólogo*)

Grande é vosso nome e vossa vida, ó Maria. Fazei que eu reconheça sempre mais a ação do Onipotente em minha vida, como vós o fizestes.

Julho

31

"Peço a Nossa Senhora que me alcance a graça de seu Filho e Senhor para que eu sinta um interno conhecimento de meus pecados para detestá-los."
(*Exercícios Espirituais* 63)

Nossa Senhora, Mãe de Jesus, alcançai-me a graça do profundo conhecimento de meus pecados para detestá-los e evitá-los com a força divina.

Agosto

Agosto

1

"Se na hora da morte tivermos Maria a nosso favor, o que poderemos temer?"
(*Santo Afonso de Ligório*)

Ó Mãe da esperança, intercedei junto ao vosso Filho no momento de minha morte, para que eu faça uma passagem pacífica e feliz.

2

"Que belo ostensório é Maria! Ostensório fabricado com esmero pelo próprio Espírito Santo."
(*São Pedro Julião Eymard*)

Ó Mãe do Senhor, vós que fostes alimentada pela presença dele, que estavas no momento da Ceia de despedida, alcançai-me a graça de crescer em amor e ser nutrido pelo Corpo de Cristo.

3

Agosto

"Sejamos imensamente gratos a Nossa Senhora, porque foi ela que nos deu Jesus."
(*São Pio de Pietrelcina*)

Hoje quero agradecer de coração a Maria Santíssima porque nos deu o Salvador, Jesus Cristo. Em Maria, Deus armou definitivamente a sua morada no meio da humanidade.

4

"Voltemo-nos a Nossa Senhora com grande confiança e tenhamos a certeza de que, por mais miseráveis que possamos ser, ela obterá para nós a graça da conversão."
(*São João Maria Vianney*)

Ajudai-me, ó Mãe da confiança, a nunca desistir do caminho da conversão, tantas vezes árduo e cansativo. É na perseverança que encontro forças para vencer a mim mesmo.

Agosto

5

"Maria é a mãe que, com paciência e ternura, nos leva a Deus, para que ele desate os nós da nossa alma."
(*Papa Francisco*)

Ó Mãe de Jesus, ajudai-me a acolher a graça de Deus, que desfaz os nós que me prendem, impedindo-me de ser livre e disponível.

6

"Ó Maria, dá-me o teu coração: tão puro, tão imaculado, tão cheio de amor e humildade."
(*São Luís de Montfort*)

Ó Maria, fostes plenificada pela graça divina, que tornou imaculado o vosso coração. Ajudai-me a crescer em amor e humildade e a ter um coração bondoso como o vosso.

Agosto

7

"O cristão que quer rezar começa, pois, por se ajoelhar diante de sua Mãe orante."
(*Pe. Henri Caffarel*)

Fazei, ó Deus, que meus joelhos se dobrem na terra para louvar e agradecer a Nossa Senhora, que conosco reza e intercede junto a Jesus.

8

"Ninguém que perseverar na devoção ao Santo Rosário se condenará."
(*São Domingos de Gusmão*)

Eu confio e sei que cada Ave-Maria que rezo é uma saudação à Mãe de Jesus, que derrama sobre a humanidade inteira as graças maternais de seu amor.

Agosto

9

"Maria conservava com carinho
todas estas recordações
e as meditava em seu coração".
(*Lucas 2,19*)

Ajudai-me, Mãe de Jesus, a guardar no silêncio do meu coração as dores, as angústias e os sofrimentos que experimento, e a ajudar o próximo a crescer em confiança.

10

"É verdade, ó Maria, que vós sois a Mãe, que vós sois a Mãe de Jesus, mas vós o tendes dado a mim, e ele, sobre a cruz, deu-nos a vós como nossa Mãe, e assim somos mais ricos do que vós."
(*Santa Teresinha do Menino Jesus*)

Ó Mãe, somos da família de vosso Filho, porque ele mesmo nos convidou à escuta e vivência da Palavra e porque nos deu a vós como Mãe, aos pés da Cruz.

Agosto

11

"Faça o que pode, Deus fará o que não podemos fazer. Confie sempre em Jesus Sacramentado e em Nossa Senhora Auxiliadora e verá o que são milagres."
(*São João Bosco*)

Ó Mãe, Auxiliadora dos cristãos, eu confio em vossa proteção e peço a bênção de amar Jesus Sacramentado e ser fortalecido por ele.

12

"Por ser Mãe de Deus, Maria tem uma dignidade quase infinita."
(*Santo Tomás de Aquino*)

Sois a bendita Mãe de Deus, alcançai-me a graça de acolher a vontade do Senhor e vivê-la com alegria e gratidão.

Agosto

13

"Todas as graças vêm do céu, por intermédio da nossa querida Mãe Maria."
(*Santa Dulce dos Pobres*)

Ó Mãe e intercessora Maria, confiamo-nos à vossa proteção e acolhemos as graças que nos são concedidas por Jesus, vosso amado Filho.

14

"Deus, que nos deu uma vontade livre, quer que o sirvamos livremente como instrumentos, ajustando a nossa vontade à sua, do mesmo modo que sua Santíssima Mãe, quando diz: 'Eis a escrava do Senhor, faça-se em mim segundo a tua palavra'."
(*São Maximiliano Kolbe*)

Ó Mãe da confiança, ajudai-me a sempre dizer sim ao projeto divino em minha vida e a nunca desconfiar do amor de Deus, que quer sempre o melhor para mim.

15

Agosto

"O teu corpo puríssimo, sem mácula, não foi abandonado à terra, antes foste elevada até a morada do Reino dos Céus."
(*São João Damasceno*)

Ó Mãe de Jesus, com vossa assunção fostes a primeira a desfrutar da maravilha da salvação que Jesus veio garantir à humanidade com sua vida, morte e ressurreição.

16

"A Assunção da Virgem Maria é uma participação singular na Ressurreição de seu Filho e uma antecipação da ressurreição dos outros cristãos."
(*Catecismo da Igreja Católica, 966*)

Ó Maria, Mãe da Assunção, que participastes da alegria da ressurreição de vosso Filho, alcançai-nos a graça de também estar com ele um dia.

Agosto

17

"Grande coisa é o que agrada a Nosso Senhor: qualquer serviço que se faça à sua Mãe."
(*Santa Teresa de Jesus*)

Ó Maria, Mãe de Jesus, consagro minha vida à vontade de Deus, e peço a vossa proteção para servir com alegria e mansidão.

18

"Aqueles mais ricos em graça e virtude serão os mais assíduos em rezar à Virgem Santíssima."
(*São Luís de Montfort*)

Ó Virgem Santíssima, ajudai-me, com vossa graça maternal, a crescer nas virtudes divinas e a manter-me unido a vós pela oração constante.

19

Agosto

"Quem ama a essa Virgem Imaculada
é casto; quem a honra, devoto;
quem a imita, santo.
Ninguém a ama sem ser amado por ela."
(*São João Eudes*)

**Ó Virgem Imaculada, amparai-me sob
o vosso manto sagrado e concedei-me
crescer no amor a Deus e ao próximo.**

20

"Se Maria te sustenta, não cairás;
se ela te protege, nada terás a temer;
se ela te conduz, não te cansarás;
se ela te é favorável, alcançarás o fim."
(*São Bernardo de Claraval*)

**Ó Virgem Maria, alcançai-me a graça
de não me cansar da caminhada.
Mesmo em meio às quedas, que eu
me levante confiante na bondade
de Deus, que muito me ama.**

Agosto

21

"A tempestade e a fúria escureceram o céu,
mas não fiquemos desanimados;
se confiarmos em Maria, como devemos,
iremos reconhecer que ela,
a Virgem poderosa, com seu pé virginal,
esmagará a cabeça da serpente."
(São Pio X)

Sois, ó Maria, a Virgem cheia de bondade e misericórdia que todos os dias enfrenta a serpente do mal que insiste em espalhar veneno no meio da humanidade.

22

"Bendita seja a luz do dia, bendito seja quem
tudo cria, bendito seja o fruto sagrado da
sempre puríssima Virgem Maria."
(Anônimo)

Ó Mãe de Jesus, o salvador da humanidade, louvada sede por vossa disponibilidade em acolher a vontade de Deus. Ajudai-me a crescer em confiança, amor e fidelidade a Cristo.

23

Agosto

"Ofereça a Nossa Senhora seu sofrimento, sem se lamentar."
(*São Pio de Pietrelcina*)

Nossa Senhora da confiança, confio à vossa proteção os sofrimentos de minha vida e conto convosco para superá-los sem tanta lamentação e reclamação. Ofereço-vos todo o meu ser!

24

"Ninguém terá a Jesus Cristo por irmão, que não tenha a Maria Santíssima por Mãe."
(*São Francisco de Sales*)

Sois minha Mãe, ó Maria Santíssima. Ajudai-me a crescer no amor ao vosso Filho Jesus, nosso irmão e salvador.

Agosto

25

"Ó Maria, Virgem Imaculada, cristal puro para o meu coração, tu és minha força, ó âncora firme, tu és o escudo e a proteção do coração fraco."
(*Santa Faustina*)

Ó Virgem Imaculada, ajudai-me a crescer em bondade, acolhendo sempre a graça santificante de Deus em minha vida.

26

"Peço a Nossa Senhora que me alcance a graça de seu Filho e Senhor para que eu sinta a desordem de minhas ações e, aborrecendo-a, me corrija e me ponha em ordem."
(*Exercícios Espirituais* 63)

Ajudai-me, Nossa Senhora, com a graça de Cristo, a sentir a desordem de minhas ações para corrigi-las e colocá-las em ordem.

27

Agosto

"A Virgem Maria é a seta que aponta a porta por onde entraremos no Céu, isto é: Jesus Cristo."
(*Pe. Edinilson Santos*)

Ó Virgem Maria, ajudai-me a confiar mais em vós e no projeto de vida que vosso Filho quer para mim: a eternidade feliz!

28

"Maria era feliz porque ouviu a palavra de Deus e a pôs em prática; guardou mais a verdade de Cristo na sua mente do que o corpo de Cristo no seu seio."
(*Santo Agostinho*)

Ó Mãe de Cristo, ajudai-me a escutar com atenção a Palavra de Deus e a viver a verdade que Cristo me propõe.

Agosto

29

"Porque Deus sabia que não era bom que o homem estivesse só; sabia o bom que lhe seria no futuro possuir a linhagem de Maria e depois a da Igreja."
(*Tertuliano*)

Ó Mãe bondosa, bendigo o vosso nome e peço vossa proteção para viver minha fé na comunidade cristã, servindo aos meus irmãos com bondade.

30

"O Santo Rosário contém todo o mérito da oração vocal e toda a virtude da oração mental."
(*Santa Rosa de Lima*)

Ajudai-me, Mãe de Jesus, a rezar e oferecer minha vida nos pequenos gestos de cada dia, bem como oferecer cada conta do terço pela humanidade que sofre.

31

Agosto

"Ninguém penetrou tanto a profundidade do Mistério de Cristo como a Virgem Maria."
(*Santa Elisabete da Trindade*)

Mãe de Jesus, nossa querida mãe, ajudai-me a acolher com generosidade a vontade de Deus para viver sempre mais o Mistério de Cristo em minha vida.

Setembro

Setembro

1

"Pelo Rosário, podemos tudo alcançar. Segundo uma bela comparação, é uma longa corrente que liga o céu e a terra: uma das extremidades está entre as nossas mãos e a outra nas da Santíssima Virgem."
(*Santa Teresinha do Menino Jesus*)

Ajudai-me, Virgem Santíssima, a rezar o Rosário com maior devoção, agradecendo-vos por tamanha generosidade para conosco.

2

"Mediante sua mãe, Jesus santificava aqueles que encontrava, fazia exultar de alegria o Batista no seio de Isabel. O mesmo que ele quer fazer através de nós."
(*Pe. Henri Caffarel*)

Ó Deus de misericórdia, fazei vibrar meu coração, exultando pelas maravilhas que Jesus realizou através de Maria, sua Mãe. Quero crescer em santidade e alegria!

Setembro

3

"Apoie-se, como faz Nossa Senhora, à cruz de Jesus e nunca lhe faltará conforto."
(São Pio de Pietrelcina)

Eu confio em nosso Senhor, aquele que nasceu, viveu, morreu e ressuscitou por nós. Como Maria, sua Mãe, também quero estar com ele em cada momento de minha vida e deixar-me ser consolado por seu amor.

4

"Maria, luta conosco, sustenta os cristãos no combate contra as forças do mal."
(Papa Francisco)

Vem caminhar conosco, Mãe de Jesus, para vencermos as batalhas diárias contra as forças do mal, que nos impedem de viver melhor.

5

"A Maria, nossa Mãe, mostraremos o nosso amor trabalhando por seu Filho Jesus, com ele e por ele."
(*Santa Teresa de Calcutá*)

Ó Mãe de ternura, ajudai-me a crescer em amor para convosco, trabalhando para que o Reino de vosso Filho Jesus aconteça no meio de nós.

6

"Claro que Deus poderia fazer um mundo mais belo que esse. Mas não seria mais belo se nele faltasse Maria."
(*São João Maria Vianney*)

Ó Deus, criador de todas as coisas, quero agradecer-vos por nos ter dado Maria como Mãe de Jesus. Ela é o sinal de todos que acolhem e vivem a vossa vontade.

Setembro

7

"A Virgem Maria ensina-nos o que significa viver no Espírito Santo e o que significa acolher a novidade de Deus em nossa vida."
(*Papa Francisco*)

Ó Espírito Santo, tal qual a Mãe de Jesus, eu também quero acolher com gratidão as novidades de Deus em minha vida e viver iluminado por vossos dons.

8

"Roga pelos pecadores desta terra, roga pelo povo que em seu Deus espera. Mãe do meu Senhor, Mãe do meu Salvador!"
(*Ricardo Sá*)

Santa Maria, Mãe de Deus, rogai por nós, pecadores, e por todo o povo que espera a libertação e a salvação oferecida por Jesus.

Setembro

9

"Para encontrar a graça de Deus, é
necessário encontrar Maria."
(*São Luís de Montfort*)

**Ó Mãe da Divina graça, alcançai-me
o favor divino de nunca desanimar
de buscar e encontrar a Deus
em todas as coisas e de servir na
caridade aos meus irmãos.**

10

"Pois [se] à angústia interior e à noite mais
escura a Mãe celeste quis se sujeitar,
não é porque sofrer na terra é uma ventura?
Oh! Sim, sofrer é a sorte mais feliz!"
(*Santa Teresinha do Menino Jesus*)

**Ajudai-me, Mãe celeste, a vencer as
dores e os sofrimentos que a vida
me impõe, e que eu saiba unir meu
sofrimento ao de vosso Filho Jesus.**

Setembro

11

"No olhar de Maria está o reflexo do olhar de Deus!"
(*Papa Francisco*)

Como são belos os vossos olhos, Mãe de Jesus. Ajudai-me a olhar as pessoas e as realidades com o olhar divino do vosso amado Filho.

12

"A humildade da Imaculada foi a razão da maternidade divina."
(*São Maximiliano Kolbe*)

Ajudai-me, ó Mãe Imaculada, a crescer em humildade e assim acolher a graça de Deus e a servir ao Reino com gratuidade, mansidão e amor.

13

Setembro

"Quem estivesse no Calvário veria dois altares, onde se consumavam dois grandes sacrifícios: um era o corpo de Jesus e o outro o coração de Maria."
(*São João Crisóstomo*)

Ó Mãe das Dores, soubestes passar pelo caminho do Calvário e contemplastes a morte de Jesus com confiança e esperança. Ajudai-me a enxugar as lágrimas dos sofrimentos diários e a ter o auxílio de vossa coragem.

14

"As mesmas chagas que estavam espalhadas pelo corpo de Jesus achavam-se todas reunidas no coração de Maria."
(*São Boaventura*)

Fazei, Mãe de Jesus, que pelo sangue derramado das chagas de Jesus, eu possa ser lavado de minhas iniquidades e cresça em amor e serviço ao Reino.

Setembro

15

"Nossa Senhora das Dores nos ama, porque se torna nossa Mãe através da dor e do amor. Que ela nunca se afaste da tua mente, e que as suas dores fiquem, para sempre, impressas no teu coração."
(*São Pio de Pietrelcina*)

Ó Senhora das Dores, peço-vos que não vos afasteis de mim, porque sois minha Mãe. Que meu coração e meus pensamentos estejam unidos a vós nos momentos de sofrimentos deste mundo.

16

"Minha Senhora dona, o mundo tornou a começar."
(*Guimarães Rosa*)

Ó Maria, Mãe de Jesus, que gerastes e cuidastes do vosso amado Filho, ajudai-me a cuidar e a defender a vida dos indefesos deste mundo.

17

"A Virgem Santíssima é a mais poderosa advogada junto a seu Filho Jesus Cristo; e, por isso, depois de rezarmos a oração que nos ensinou o mesmo Senhor, rogamos à Virgem Santíssima que nos alcance as graças que a ele tínhamos pedido."
(*São Roberto Belarmino*)

Alcançai-nos, Virgem Santíssima, as graças que diariamente pedimos ao vosso Filho Jesus Cristo. Não nos faltem a perseverança e a força ao caminhar.

18

"Sede em meu favor, Virgem soberana, livrai-me do inimigo, com o vosso valor. Agora e sempre, e sem fim. Amém."
(*Ofício da Imaculada Conceição*)

Que a vossa proteção, Mãe de Jesus, me ajude a vencer as ciladas dos inimigos e a valer-me sempre mais do vosso favor maternal.

Setembro

Setembro

19

"Maria é um lugar santo em que se formam e modelam os santos."
(*Anônimo*)

A vossa proteção eu peço todos os dias, ó Mãe Santíssima, para fazer, quanto me for possível, a vontade de Deus, com humildade e mansidão.

20

"Se o ser humano fizesse o sinal da cruz habitualmente e invocasse Maria com mais frequência, diminuiria suas tentações, porque o sinal da cruz é um meio de dissipar o diabo e o nome da Mãe de Deus o subjuga e o precipita no abismo."
(*São Charbel Makhlouf*)

Ó Deus, com o sinal da cruz, desejo alcançar as graças necessárias para vencer as tentações, invocando o nome santo de Maria.

21

"Peço a Nossa Senhora que me alcance a graça de seu Filho e Senhor para que, conhecendo o mundo e aborrecendo-o, afaste de mim as coisas mundanas e vãs."
(*Exercícios Espirituais* 63)

Ó Mãe de Jesus, alcançai-me a graça de um conhecimento das coisas mundanas e vãs para afastar de mim tudo o que me distancia de Cristo.

22

"O Rosário é a mais excelente forma de oração e o meio eficaz de alcançar a vida eterna. É o remédio para todos os nossos males, a raiz de todas as nossas bênçãos. Não há maneira mais excelente de rezar."
(*Papa Leão XIII*)

Concedei-me, ó Deus, que através das orações dirigidas à Mãe de Jesus, todos os dias, eu receba as vossas bênçãos.

Setembro

23

"Que Nossa Senhora nos obtenha o amor à cruz, aos sofrimentos e às dores."
(*São Pio de Pietrelcina*)

Ó Mãe de Jesus, vós que padecestes o sofrimento do vosso Filho, acompanhando-o pela via da dor, alcançai-me a graça de abraçar a cruz com as dores e os sofrimentos de cada dia.

24

"Valei-me, Nossa Senhora! É assim no grito do vaqueiro, na arena do rodeio, no coração do tropeiro. É por demais amor, e se alguém dela duvidar, pergunte a nosso Senhor!"
(*Oscar de Jesus Klemz*)

Valei-me, Nossa Senhora, nos momentos de aflição, nas dúvidas, na confusão. Sois a Mãe bondosa sempre atenta ao nosso clamor.

25

*"Pelo seu vínculo com Jesus,
Maria está intimamente associada
àquilo em que acreditamos."*
(*Papa Francisco*)

Ó Jesus, que minha fé cresça para acolher a vossa vontade como Maria, vossa Mãe, que nos ajuda a acreditar e acolher um projeto de vida que amplia o sentido de viver.

26

"Quem amar Maria como mãe, jamais deverá ter medo da maldade deste mundo, porque uma boa mãe leva seu filho para o bom caminho e o protege de todo mal."
(*Karlonan Guimarães*)

Sois a Mãe de ternura que nos conduz ao bom caminho e nos protege da maldade. Alcançai-me de Jesus a graça de crescer em bondade e amor.

Setembro

Setembro

27

"Depois da Santa Missa, a devoção do Santo Rosário faz cair sobre as almas bem mais graças que qualquer outra, e pelas Ave-Marias se operam muito mais milagres que qualquer outra oração."
(*São Vicente de Paulo*)

Quero estar unido à Mãe pela recitação do Santo Terço todos os dias, confiante nas graças que tal devoção infunde em meu coração e no bem que a humanidade toda recebe através do oferecimento de mim mesmo.

28

"Amai a vossa terna Mãe Celeste, recorrei a ela de coração."
(*São João Bosco*)

Eu vos amo, ó Mãe de Jesus, e recorro à vossa intercessão nas horas difíceis e nos momentos de dúvidas. Amparai meu coração e ajudai-me a confiar mais na vontade divina.

29

"Rezar o terço não é uma obrigação, é uma devoção, uma prova de amor a Nossa Senhora."
(Isabel Ribeiro Fonseca)

Ajudai-me, ó Deus, a crescer no amor a Nossa Senhora e a oferecer-lhe, diariamente, a mesma saudação que o Anjo lhe dirigiu: "Ave-Maria, cheia de graça!".

30

"Com que paz, com que recolhimento Maria se aproximava de tudo e fazia todas as coisas! Em tudo e por tudo, a Virgem permanecia em Adoração ao bom Deus."
(Santa Elisabete da Trindade)

Ó Maria, alcançai-me de vosso Filho a graça para servi-lo melhor e viver meus dias em eterna Adoração ao bom Deus, que cuida do meu coração.

Setembro

Outubro

Outubro

1

"Sabemos muito bem que a Virgem Santíssima é a rainha do céu e da terra, mas ela é mais mãe do que rainha."
(*Santa Teresinha do Menino Jesus*)

Ó Mãe, te louvo e agradeço porque sois a rainha dos corações cristãos, porque sois a Santíssima que gerou no ventre o próprio Deus.

2

"A humildade de Maria a fez digna de todas as virtudes. Maria, assim como a lua, que se deixa iluminar pelo sol, deixa-se iluminar por Jesus. Sua intercessão é o reflexo desta luz que chega até nós, que é Jesus."
(*Gilberto Angelo Begiato*)

Ó Mãe de Jesus, sois a lua iluminada por Jesus, o sol do Oriente que nos visitou. Confio em vossa proteção para que eu não caminhe pelo vale das trevas.

Outubro

3

"Maria nos defende nos perigos, preocupa-se conosco, até quando estamos ocupados com os nossos afazeres e perdemos o sentido do caminho, colocando em perigo não só a nossa saúde, mas a nossa salvação."
(Papa Francisco)

Ó Maria, sois a nossa defensora e estais sempre preocupada conosco. Ajudai-me a não me distrair nos afazeres e nas tarefas de cada dia, perdendo o foco do fundamento de minha vida.

4

"Salve, ó Senhora Santa, Rainha Santíssima, Mãe de Deus, ó Maria. Em vós residiu e reside toda plenitude da graça e todo bem."
(São Francisco de Assis)

Ó Maria, Rainha Santíssima, em quem reside a plenitude da graça e do bem, amparai-me nos meus momentos de dúvida e indecisão.

5

Outubro

"Maria é a mais abençoada dos santos entre os santos, aquela que nos mostra o caminho da santidade e nos acompanha."
(Papa Francisco)

Ó Mãe abençoada, acompanhai-me com vossa intercessão maternal para acolher a graça da santidade, que Deus me oferece diariamente.

6

"Meus filhinhos, sejam devotos de Maria. Eu sei o que estou dizendo! Sejam devotos de Maria!"
(São Felipe Néri)

Ajudai-me, ó Deus de bondade, a crescer no amor e na devoção a Maria, a Mãe de Jesus. Que ela seja o modelo do meu sim.

Outubro

7

"Uma casa cheia de Ave-Marias
é uma casa cheia de graças."
(*Anônimo*)

**Ó Mãe de Jesus, sois a agraciada
por Deus, a vós recorro em minhas
necessidades e lhe confio a
minha casa e minha família.**

8

"A Virgem Maria é a nossa Mãe,
e é com a sua ajuda
que podemos permanecer fiéis a Jesus."
(*Papa Francisco*)

**Sois nossa Mãe, ó Virgem Maria.
Ajudai-me a permanecer firme no
caminho que Jesus me propõe e
a servi-lo com liberdade e paz.**

Outubro

9

"Quando chegar minha hora, dai-me, Jesus, sem demora, a intercessão de Maria."
(*Hino da Festa de Nossa Senhora das Dores*)

Ó santa Mãe das Dores, gravai em meu coração as chagas do Salvador, ele que me abriu as portas da eternidade com sua vida entregue por amor.

10

"Eu nunca aconselho nada a ninguém sem antes recomendar-me à Virgem Santíssima. Ela é que faz com que as palavras que digo tenham eficácia nos que as ouvem."
(*Santa Teresinha do Menino Jesus*)

Ó Mãe de Jesus, a vós confio todos os meus pensamentos e o que devo aconselhar às pessoas que me buscam. Que minhas palavras sejam de sabedoria e de humildade.

Outubro

11

"Onde Nossa Senhora é de casa, o diabo não entra; onde está a Mãe, a perturbação não prevalece, o medo não vence."
(*Papa Francisco*)

Ó Deus, eu confio sempre mais na proteção de Nossa Senhora. Fazei que ela me ajude a vencer o medo, as dúvidas e tudo o que atrapalha minha paz interior.

12

"Viva a Mãe de Deus e nossa, sem pecado concebida. Viva a Virgem imaculada, a Senhora Aparecida."
(*Popular*)

Ó Mãe Imaculada, fostes encontrada nas águas e continuais a abençoar todos os que vos invocam como Mãe intercessora. Sois a bendita que nos oferece carinho e proteção.

13

"Por ti, Maria, temos acesso a teu Filho, que por meio de ti se dignou a participar das nossas enfermidades e misérias. Tua intercessão nos faça partícipes das glórias eternas."
(*Solilóquio*)

Ó Deus, que nos enviastes vosso amado Filho, nascido da Virgem Maria. Que ela seja nossa Mãe atenta a nos indicar a vontade de Jesus.

14

"Nós queremos que reines sobre nós. Reinai em mim, ó meu Deus, e dignai-vos permitir que eu propague a todos o vosso reino, pela Imaculada."
(*São Maximiliano Kolbe*)

Ó Deus de bondade, fazei que, pela intercessão bondosa da Imaculada Conceição, o vosso reino de amor cresça entre nós e a humanidade possa construir um mundo melhor.

Outubro

15

"Quando criança, minha mãe tinha o costume de nos fazer rezar e de nos ensinar a ser devotos de Nossa Senhora."
(*Santa Teresa de Jesus*)

Ó Mãe de Jesus, agradeço porque és Mãe amável que cuidas de cada filho. Hoje peço de modo especial por minha mãe, que me ensinou a rezar.

16

"Por sua adesão total à vontade do Pai, à obra redentora de seu Filho, a cada moção do Espírito Santo, a Virgem Maria é para a Igreja o modelo da fé e da caridade."
(*Catecismo da Igreja Católica, 967*)

Ó Virgem Maria, modelo perfeito da fé e da caridade, ajudai-me a estar atento à vontade de Deus, que se revela na ação do Espírito Santo, para servir ao Reino de Cristo.

Outubro

17

"Estai firmemente convencidos acerca de Nosso Senhor, que é verdadeiramente da raça de Davi segundo a carne, Filho de Deus segundo a vontade e o poder de Deus, verdadeiramente nascido de uma virgem."
(*Santo Inácio de Antioquia*)

Ó Deus, vosso Filho Jesus feito carne é nosso irmão, nascido de Maria. Fazei que acolhamos com gratidão tão grande mistério de amor.

18

"Nós cremos que a Santíssima Mãe de Deus, a nova Eva, a Mãe da Igreja, continua a desempenhar no céu o seu papel maternal para com os membros de Cristo."
(*São Paulo VI*)

Ó Santíssima Mãe de Deus, sois a nossa Mãe amável, olhai desde a eternidade por nós e pela humanidade que peregrina e padece.

Outubro

19

"A Mãe de Jesus é imagem e início da Igreja que há de se consumar no século futuro; assim também, brilha na terra como sinal de esperança segura e de consolação para o povo de Deus ainda peregrino."
(*Lumen Gentium*, 68)

Ajudai-me, ó Mãe de Jesus, a ser imagem da Igreja que caminha na esperança e na consolação, acolhendo o imenso amor que Deus tem pela humanidade.

20

"A união de Maria com seu Filho na obra da salvação manifesta-se desde a hora da concepção virginal de Cristo até sua morte."
(*Catecismo da Igreja Católica, 964*)

Ó Maria, fostes agraciada e disponível para participar com o Filho na obra na salvação. Ajudai-me a ser mais livre e fiel para acolher a vontade divina em minha vida.

21

Outubro

"É quase impossível ir ter com Jesus
se não se vai por meio de Maria."
(São João Bosco)

**Sois a Mãe bondosa que intercede
por nós junto a Jesus. Confiante,
peço-vos que olheis para meu
coração com ternura maternal.**

22

"O olhar de Maria lembra que, para a fé,
é essencial a ternura, que impede a apatia."
(Papa Francisco)

**Volvei para nós o vosso olhar
de ternura, ó Mãe de Jesus,
e ajudai-nos a buscar o que é essencial
para crescer em fé, esperança e caridade.**

Outubro

23

"Reflita e tenha sempre em mente a grande humildade de Nossa Senhora, Mãe de Deus e nossa Mãe."
(*São Pio de Pietrelcina*)

Mãe de Deus e nossa Mãe, peço-vos a proteção materna para acolher a vontade de Deus e crescer em humildade no serviço ao Reino e no cuidado com os bens da criação.

24

"Ditoso quem invoca Maria Santíssima, quem recorre ao Imaculado Coração de Maria com confiança, porque alcançará o perdão dos pecados, a graça e, por fim, a glória do Céu."
(*Santo Antônio Maria Claret*)

Mãe Santíssima, a vós recorro em minhas necessidades e confiante vos peço que nunca me falteis com vossa graça e proteção materna.

25

Outubro

"Nós somos mais felizes que a
Virgem Maria, porque ela não teve uma
Senhora para amar."
(*Santa Teresinha do Menino Jesus*)

**Ó Mãe de Jesus, estamos entre os felizes
que têm uma Mãe bondosa para amar.
Sois a Mãe do nosso Salvador e mereceis
nossa admiração, respeito e veneração.**

26

"Quando o Espírito Santo encontra
Maria Santíssima numa alma,
sente-se atraído a ela irresistivelmente
e nela faz sua morada."
(*São Luís de Montfort*)

**Vem, Espírito Santo, fazer morada
em meu coração que ama a Mãe de
Jesus com filial ternura. Enchei-me
das qualidades do Coração de Maria.**

Outubro

27

"O Rosário é a 'arma' para estes tempos."
(*São Pio de Pietrelcina*)

Ó Mãe de Jesus, na oração diária, em que vos saúdo como "cheia de graça", concedei-me crescer em amor e confiar mais no projeto divino.

28

"O Terço é a minha oração predileta. A todos exorto, cordialmente, que o rezem."
(*Papa João Paulo I*)

Recebei, Mãe de Jesus, a homenagem de minhas Ave-Marias, que rezo diariamente, agradecendo a Deus por vossa disponibilidade.

29

Outubro

"Maria é sinal de esperança segura
e de consolação para o povo de Deus
ainda peregrinante."
(*Papa Francisco*)

Somos o povo que caminha, ó Deus de bondade, e confiamo-nos à proteção materna de Maria, que é sinal de esperança e consolação.

30

"Deus nasceu de uma Mãe a quem escolheu
antes mesmo de nascer.
É o único caso na história de um Filho
que quis sua Mãe e de uma Mãe
que quis seu Filho."
(*Fulton Sheen*)

Ó Maria, Mãe da confiança, fostes escolhida desde sempre para uma missão sublime: ser a Mãe do Filho de Deus. Ajudai-me a dizer sim ao projeto de Deus em minha vida.

Outubro

31

"No céu de nossa alma, sejamos louvores de glória da Santíssima Trindade, louvor de amor de nossa Mãe Imaculada."
(*Santa Elisabete da Trindade*)

Ó Mãe de Jesus, contigo quero louvar a Santíssima Trindade e oferecer minha vida como dom de amor aos demais.

Novembro

Novembro

1

"Maria, nossa Mãe, é sempre vínculo de comunhão. Tanto a Escritura como a tradição apostólica a apresentam convocando os apóstolos e a comunidade ao seu redor, num clima de oração."
(*Papa Francisco*)

Fazei, Mãe de Jesus e nossa Mãe, que eu mantenha acesa a chama da unidade e do serviço aos demais, sempre num clima de oração de quem confia e agradece.

2

"A morte de um filho de Maria Santíssima é o salto de uma criança nos braços de sua Mãe."
(*Santa Madalena Sofia Barat*)

Ó Mãe da Boa Morte, acolhei em vossos braços todos os vossos filhos que morrem desamparados, pelas enfermidades e de forma violenta.

Novembro

3

"Maria é uma janela através da qual nossa humanidade vislumbra pela primeira vez a divindade na terra."
(*Fulton Sheen*)

Que grande missão: ser a Mãe de Deus! Ajudai-me a escutar o que Deus quer de mim e a responder com generosidade e amor ao que ele me pede.

4

"O Rosário é a mais divina das devoções."
(*São Carlos Borromeu*)

Ajudai-me, Mãe de Jesus, a rezar com amor e devoção o meu terço diário, confiando na vossa materna proteção, que apresenta a Jesus as minhas necessidades.

Novembro

5

"Que a Virgem nos ajude a dizer o nosso 'sim' à urgência de fazer ressoar a Boa Nova de Jesus no nosso tempo."
(*Papa Francisco*)

Ó Maria, Mãe da Esperança, ajudai-me a dizer sempre sim à vontade de Deus e aos apelos do Evangelho em nossos dias.

6

"Com o Santo Rosário não há problema pessoal, familiar, nacional ou internacional que não seja possível resolver por meio dele."
(*Lúcia, vidente de Fátima*)

Confio na vossa proteção, ó Mãe de Jesus, e sei que minha oração diária, oferecida por amor, ajuda a amenizar as dores da humanidade.

7

Novembro

"O Rosário é a mais bela de todas
as orações, a mais rica em graças
e a que mais agrada à Santíssima Virgem.
Os erros modernos serão destruídos
pelo Rosário."
(São Pio X)

**Ó Santíssima Virgem Maria, ofereço-vos,
pela repetição da saudação do Anjo,
os meus louvores e agradecimentos
por vossa bendita maternidade.**

8

"Como é bela a família que reza o Rosário
todas as noites!"
(São João Paulo II)

**Ó Mãe de Cristo, ensinai-me a adorar
e meditar no coração a Palavra
de Deus na contemplação dos
Mistérios do Terço de cada dia.**

Novembro

9

"O Rosário é o flagelo do diabo."
(*Papa Adriano V*)

Recebei, ó Deus, minha prece de louvor e gratidão a Maria, Mãe de Jesus, e afastai de meu coração toda maldade e pecado.

10

"Maria nos ensina como devemos amar e louvar a Deus, com alma despojada e de modo verdadeiramente conveniente, sem procurar nenhum interesse."
(*Martinho Lutero*)

Ajudai-me, Mãe de Jesus, a amar e louvar a Deus com mansidão e humildade, sabendo-me filho amado. Que meu coração seja cheio de gratidão.

Novembro

11

"Prestai atenção ao que faz Maria; imitai-a. E esse Deus de bondade recompensará vossa fé."
(*Santa Teresinha do Menino Jesus*)

Ó Mãe querida, quero imitar-vos na busca da vontade e do amor de Deus. Que minha fé cresça a cada dia!

12

"Depois de Deus tudo podes, e teu Filho, Deus e Senhor de todos nós, te concede tudo como à Mãe, pois com toda a justiça se rende às tuas entranhas maternais."
(*Santo Eutímio*)

Ó Maria, sois a intercessora que, junto ao Vosso Filho, estais atenta às necessidades da humanidade. Eu confio em vosso amor e proteção!

Novembro

13

"A prática do Santo Rosário é verdadeiramente grande, sublime, divina. Foi o Céu que no-la deu para converter os pecadores mais endurecidos e os hereges mais obstinados."
(São Luís de Montfort)

Nas contas do Terço apresento a Maria, Mãe de Jesus, as necessidades da humanidade, contemplando os Mistérios da vida de seu Filho Jesus.

14

"Deus não apenas sabe e pode, mas, especialmente pela Imaculada, faz o que é melhor para ti e para os outros."
(São Maximiliano Kolbe)

Ó Maria, sois a Imaculada que intercede continuamente em favor dos que vos pedem e vos buscam. Alcançai-me a graça de escolher sempre o que é mais conveniente à vontade de Deus.

Novembro

15

"Não há meio mais seguro para vencer os ataques do inferno do que recorrer a Maria Santíssima."
(*Santo Alberto Magno*)

Recorro a vós, Maria Santíssima, nos momentos de dúvida e de confusão espiritual. Não me deixeis cair na tentação de deixar-me vencer pela maldade.

16

"Enquanto o Rosário for rezado, Deus não poderá abandonar o mundo, pois essa oração é poderosa em seu coração."
(*Santa Teresinha do Menino Jesus*)

Ó Deus, rezo à Mãe de Jesus, confiante na sua intercessão, pois sei que ao que ela pede, o Filho atende.

Novembro

17

"Quem confia em Maria jamais será iludido."
(*São João Bosco*)

Ó Mãe da Esperança, com o coração cheio de confiança eu vos imploro a graça de ser fiel servidor da missão que recebi no meu Batismo.

18

"A Bem-aventurada Virgem avançou na peregrinação da fé e manteve fielmente a sua união com o Filho até a Cruz, junto da qual esteve de pé, não sem um desígnio divino."
(*Lumen Gentium*, 58)

Ó Santíssima Virgem Maria, caminhastes na fé e estivestes com vosso amado Filho em todos os momentos de sua vida. Alcançai-me a graça de não desistir diante do sofrimento e da cruz.

Novembro

19

"Como é feliz aquele que deu tudo a Maria, que se confia e abandona, em tudo e por tudo, a Maria. É todo dela e ela é toda dele."
(São Luís de Montfort)

Ó Mãe de Jesus, eu confio e ofereço a vós tudo o que sou. Ajudai-me a crescer em santidade e amor na vivência da fé cristã.

20

"Se quiserdes que a paz reine em vossas famílias e em vossa Pátria, rezai todos os dias, em família, o Santo Rosário."
(São Pio X)

Fazei, ó Deus de bondade, que nossas famílias redescubram o valor do Rosário. Que a memória da Virgem Maria nos ampare na aflição e traga paz aos nossos corações.

Novembro

21

"Um cristão sem Rosário
é um soldado sem armas."
(*São Miguel Febres*)

Ó Mãe de Jesus, ofereço-vos minha saudação todos os dias, pedindo a vossa intercessão e proteção materna.

22

"Entre todas as homenagens que se devem
à Mãe de Deus, não conheço nenhuma
mais agradável que o Rosário."
(*Santo Afonso de Ligório*)

Ó Mãe de Deus, recebei com a simplicidade de minhas orações as homenagens da humanidade que vos louva e agradece por tanto amor.

23

"Agradeçamos a Nossa Senhora por nos ter dado Jesus."
(*São Pio de Pietrelcina*)

Ó Mãe Maria, contigo quero viver a alegria de seguir a Jesus. Fostes agraciada com o dom da maternidade; escolhida para ser a Mãe de Jesus, o nosso Salvador. Quanta alegria em seu coração!

24

"Maria santa e fiel, ensina-nos a viver como escolhidos. Olhos voltados para o céu e, por ele, construir a nova vida."
(*Eugênio Jorge*)

Ó Maria, vossa santidade e fidelidade é modelo para nós que queremos servir melhor ao Reino de Cristo. Ajudai-nos a construir a vida nova com mansidão e bondade.

Novembro

Novembro

25

"Sois devoto de Nossa Senhora? Ouvi, pois, e consolai-vos. Vivereis bem, morrereis melhor, salvar-vos-eis."
(*São Leonardo de Porto Maurício*)

Ó Deus de bondade, aumentai minha fé e que minha devoção a Nossa Senhora cresça em amor, alegria e consolação. Ela é a imagem da humanidade obediente.

26

"Não estarei seguro da minha salvação enquanto não estiver seguro da minha devoção à Virgem Maria."
(*São João Berchmans*)

Ó Mãe do Salvador, ajudai-me a crescer no amor e na devoção a vós, e assim acolher com alegria todo o mistério da salvação que me ofertou Jesus, vosso Filho amado.

27

Novembro

"Aproximando-se de Maria, a Igreja reencontra-se: encontra o seu centro, encontra a sua unidade."
(*Papa Francisco*)

Ó Maria, Mãe da Igreja, confiamos à vossa proteção a nossa humanidade, que busca a Cristo como centro e unidade de sua vida.

28

"Quando tudo estiver perdido, eu estarei lá."
(*Promessa de Nossa Senhora das Graças a Santa Catarina Labouré*)

Ó Maria, Nossa Senhora do Amparo, eu confio em vossa proteção e vos peço a graça de confiar mais nas promessas divinas.

Novembro

29

"Ó Maria, obtenha-nos de Jesus
a saúde do corpo, se for para o bem da alma.
Mas garanta-nos a salvação eterna."
(*São João Bosco*)

**Ó Mãe Santíssima, alcançai-me
a graça de ser grato por tantos
benefícios que recebo de vossas
mãos maternais todos os dias.**

30

"O Rosário é a corrente que nos une a
Maria. Com a prática da recitação do
rosário, Maria nos estende a mão."
(*Santa Elisabete da Trindade*)

**Ó Mãe de Jesus, estendei vossas
mãos para mim e amparai-me em
minhas aflições. Com a recitação
do terço, quero estar mais unido
ao vosso Coração Imaculado.**

Dezembro

Dezembro

1

"Agora, lábios meus, dizei e anunciai, os grandes louvores da Virgem, Mãe de Deus."
(*Ofício da Imaculada Conceição*)

Ó Deus, que minha boca anuncie vosso amor e proclame os louvores da Mãe de Deus, por sua maternidade e generosidade.

2

"Merecemos uma Mãe que nos mostre o caminho de santidade, salvação e recuperação da dignidade humana. Por isso, Maria é esse referencial da fé cristã."
(*Anônimo*)

Ó Maria, sois a nossa Mãe que aponta o caminho da santidade e da salvação. Ajudai-nos a defender a vida e a crescer na fé.

Dezembro

3

"Assim como nosso amor não começa com
Maria, também não termina com Maria."
(*Fulton Sheen*)

**Ó Deus, fonte de toda sabedoria e amor,
fazei crescer meu amor para convosco
e para com Maria, a Mãe de Jesus.**

4

"Amai Nossa Senhora e fazei
com que a amem."
(*São Pio de Pietrelcina*)

**Ó Deus de amor, ajudai-me a
crescer no amor a Nossa Senhora,
que ela seja a Mãe que me protege
e ampara nos sofrimentos.**

Dezembro

5

"Precisamos da doçura da Virgem Maria
para entendermos as coisas que
Jesus nos pede."
(Papa Francisco)

**Ó Mãe, singela e dócil, alcançai-me
de vosso amado Filho a graça
necessária para compreender o
que ele me pede diariamente.**

6

"Deus podia ter criado um mundo mais belo
do que este que existe,
mas não podia ter dado o ser a uma criatura
mais perfeita que Maria Santíssima."
(São João Maria Vianney)

**Ó Deus criador, a Mãe de Jesus, Maria
Santíssima, é obra perfeita de vossas
mãos. Ajudai-me a crescer em amor,
buscando sempre mais a santidade.**

Dezembro

7

"Com razão, só ela é chamada cheia de graça, porque só ela conseguiu a graça que nenhuma outra merecerá, a de ser cheia do Autor da graça."
(*Santo Ambrósio*)

Ó Mãe, cheia de graça, intercedei por mim junto a Jesus para que eu cresça em santidade e esperança e assim dê testemunho dele neste mundo

8

"A Imaculada é o esplendor do amor divino nas nossas almas e a forma de nos aproximarmos do Coração de Jesus."
(*São Maximiliano Maria Kolbe*)

Ajudai-nos, Mãe Imaculada, a crescer no amor e a nos acercarmos sempre mais ao Coração de Jesus, o vosso amado Filho.

Dezembro

9

"Imaculada Conceição, purifique meu coração para que eu possa melhor amar a Deus."
(*São Pio de Pietrelcina*)

Sois, ó Maria, a Imaculada Conceição, a quem eu me dirijo para pedir a graça de um coração purificado para amar melhor a Deus e aos meus irmãos.

10

"Não tenhas receio de amar demais a Santíssima Virgem Maria, pois jamais conseguirás amá-la o suficiente e Jesus ficará muito feliz, porque a Virgem Santíssima é sua Mãe."
(*Santa Teresinha do Menino Jesus*)

Fazei, ó Deus, que meu amor pela Santíssima Virgem Maria cresça sempre mais e que eu possa revelar esse amor no relacionamento com as pessoas ao meu redor.

Dezembro

11

"Vós sois, ó Maria, a filha do Altíssimo Pai Celestial, a Mãe de Nosso Senhor Jesus Cristo e a Esposa do Divino Espírito Santo."
(*São Francisco de Assis*)

Sois, ó Maria, a plenitude da humanidade amada e redimida por Deus. Fazei que cresçamos em amor à Trindade, que cuida de nós com carinho.

12

"Não estou eu aqui, que sou sua Mãe?"
(*Nossa Senhora de Guadalupe a Juan Diego*)

Ó Virgem de Guadalupe, Mãe da América Latina, volvei vosso olhar de bondade e carinho para os nossos povos que continuam a sofrer pela discriminação, a violência e a maldade humana.

Dezembro

13

"Nossa Senhora sofreu em silêncio, em paz e com amor. Imita-a."
(*São Maximiliano Kolbe*)

Ajudai-me, ó Deus de bondade, a viver em paz interior e crescer em amor, como fez Maria, a Mãe de Jesus, que guardou tudo no silêncio do seu coração.

14

"Um dos principais remédios contra o demônio é recorrer à Virgem Maria."
(*São João da Cruz*)

Ó Virgem Maria, amparo dos que vos buscam, protegei-me das ciladas do inimigo, que tantas vezes insiste em me tirar do caminho da vida.

15

"Quem pede sem Maria,
tenta voar sem asas."
(*Santo Antônio de Pádua*)

Ó Maria, sois a Mãe que tudo consegue e que tudo concede. Alcançai-me, de vosso amado Filho, a graça de amar melhor e servir com alegria e gratidão.

16

"Dai-me um exército que reze
o Rosário e vencerei o mundo."
(*São Pio X*)

Fortalecei meu coração, ó Deus de misericórdia, com a materna proteção da Mãe de Jesus, a quem recorro na aflição.

Dezembro

Dezembro

17

"Com a comunhão frequente vos tornareis muito queridos por Deus e pelos homens, e Maria Santíssima vos concederá a graça de receber os Santos Sacramentos ao fim da vida."
(*São João Bosco*)

Ó Maria Santíssima, confiante em vossa proteção, peço que me alcanceis a graça de receber o perdão e a paz no fim de minha vida.

18

"Maria é mãe, e uma mãe se preocupa sobretudo com a saúde dos seus filhos. A Virgem protege a nossa saúde. O que isso quer dizer? Ela nos ajuda a crescer, a enfrentar a vida e a ser livres."
(*Papa Francisco*)

Nossa Senhora da Saúde, a vós recorremos em nossas necessidades e confiamos nossa vontade de crescer no amor, enfrentando os perigos da vida.

19

Dezembro

"Maria era bem-aventurada porque antes de dar à luz o Mestre na carne, levou-o no seio".
(*Santo Agostinho*)

Ó Mãe de Jesus, hoje rezo por todas as mulheres gestantes que carregam no ventre o fruto do amor. Que sejam abençoadas por Deus.

20

"O Santo Rosário é a melhor devoção do povo cristão."
(*São Francisco de Sales*)

Fazei, ó Deus, que cresçamos em amor e devoção à Mãe de Jesus, oferecendo-lhe diariamente a oração do Santo Rosário.

Dezembro

21

"Quando digo Ave, Maria, os céus sorriem,
os anjos rejubilam, o mundo se alegra,
treme o inferno e fogem os demônios."
(*São Francisco de Assis*)

**O vosso nome, ó Virgem Maria,
é sinônimo de beleza, pureza e
simplicidade. Ajudai-me a não me
afastar de vosso amparo maternal.**

22

"Nossa Senhora foi Mãe de Jesus e agora
está no céu ao lado do seu Filho!
Nós a chamamos de 'Nossa Senhora'
porque Jesus é 'Nosso Senhor', mas o
poder é do Filho e não da Mãe."
(*Pe. Zezinho*)

**Sois a Mãe bendita que intercede por nós
junto a Nosso Senhor, por isso mesmo
a chamamos carinhosamente de Nossa
Senhora, Mãe de Jesus, nosso irmão.**

Dezembro

23

"Toda bela és, ó minha bem-amada, e não há em ti mancha alguma!"
(*Cânticos dos Cânticos 4,7*)

Ó Maria, Mãe de Jesus, sois a beleza humana mais pura, em quem nenhuma mancha se encontra. Ajudai-me a crescer em pureza e bondade.

24

"Toda graça de Deus chega a nós através da intercessão de Maria Santíssima."
(*São Maximiliano Kolbe*)

Ó Mãe Santíssima, confio em vossa intercessão junto a Jesus e peço vossa materna proteção nas estradas da vida.

Dezembro

25

"O ventre de uma mãe é feito de ternura, e o filho que esse ventre carrega é rodeado de conforto, proteção, intimidade. Ninguém em vida foi mais íntima de Jesus do que Maria."
(*Gilberto Angelo Begiato*)

Ó Maria, fostes a mais íntima de Jesus, carregando em vosso ventre o Autor da Vida. Fazei que nossos louvores cheguem ao Coração de Deus, bendizendo-o por vossa maternidade.

26

"No coração de Maria, no olhar doce e terno, sempre tiveste na vida um apoio materno!"
(*Valdeci Farias*)

Ó Deus, Maria acolheu o vosso projeto de amor, sendo apoio materno com cuidados de mãe bondosa. Guiai-nos na luz do seu olhar doce e terno.

27

"Pedimos forças pelas mãos de Maria. Ela conhece bem todos os seus queridos filhos e não deixará faltar para nós seu auxílio."
(*Walmir Alencar*)

Ó Mãe da esperança, a vós pedimos que sejamos sustentados por vosso auxílio e proteção. Não permitais que esfriemos em nosso fervor.

28

"Se quereis perseverar, sede devotos de Maria Santíssima."
(*São Felipe Néri*)

Ó Mãe Santíssima, ajudai-me a manter-me perseverante na fé e no amor e a crescer na acolhida da graça divina.

Dezembro

Dezembro

29

"Não serão as ideias ou a tecnologia a dar-nos conforto e esperança, mas o rosto da Mãe, as suas mãos que acariciam a vida, o seu manto que nos abriga."
(*Papa Francisco*)

Sois a Mãe que abriga, protege e nos dá carinho. Amparai-nos debaixo do vosso manto e ajudai-nos a crescer em esperança e caridade.

30

"Maria dirige a nossa barquinha sobre as ondas agitadas desta vida. E temos a certeza de que chegaremos ao porto da salvação eterna."
(*Santa Elisabete da Trindade*)

Ó Mãe da Confiança, em vossas mãos deposito as ondas agitadas de nossos dias. Fazei que eu chegue em paz ao porto da salvação eterna.

31

Dezembro

"Só quem precisou do favor de
Nossa Senhora, e foi atendido,
sabe reconhecer sua preciosidade
e seu amor maternal."
(*Angélica Cunha*)

**Ó Mãe de Jesus, sou muito grato
por cada intercessão e por seu
amor para comigo. Ajudai-me a ser
manso e humilde de coração.**

Edições Loyola

editoração impressão acabamento

Rua 1822 nº 341 – Ipiranga
04216-000 São Paulo, SP
T 55 11 3385 8500/8501, 2063 4275
www.loyola.com.br